Friedrich Schleiermacher

Über die verschiedenen Methoden des Übersetzens

Friedrich Daniel Ernst Schleiermacher, geboren 1768 in Breslau, ist gleichermaßen bedeutend als Theologe, Philologe, Staatstheoretiker, Kirchenpolitiker und besonders als Begründer der modernen Hermeneutik. Zu seinen herausragenden Arbeiten zählt auch die Übersetzung der Werke Platons ins Deutsche. Er war 1810 Gründungsdekan der Theologischen Fakultät der Berliner Universität und lehrte dort bis zu seinem Tod als ordentlicher Professor. Seit 1810 war er Mitglied der Königlich-Preußischen Akademie der Wissenschaften, und vor ihrem Auditorium hielt er auch seinen berühmten Vortrag *Über die verschiedenen Methoden des Übersetzens.* Er starb 1834 in Berlin. Seit 1980 erscheint die *Kritische Gesamtausgabe* seiner publizierten und nachgelassenen Werke.

Friedrich Schleiermacher

ÜBER DIE VERSCHIEDENEN METHODEN DES ÜBERSETZENS

Herausgegeben und
mit einem Essay von
Elisabeth Edl und Wolfgang Matz

Alexander Verlag Berlin

Alexander Wewerka · Fredericiastr. 8 · 14050 Berlin
info@alexander-verlag.com | www.alexander-verlag.com

Reihengestaltung: Alexander Wewerka
Satz: Antje Wewerka

Printed in the EU (June) 2024
ISBN 978-3-89581-581-2

INHALT

Friedrich Schleiermacher

ÜBER DIE VERSCHIEDENEN METHODEN DES ÜBERSETZENS

Die Tatsache, dass eine Rede aus einer Sprache in die andere übertragen wird, kommt uns unter den mannigfaltigsten Gestalten überall entgegen. Wenn auf der einen Seite dadurch Menschen in Berührung kommen können, welche ursprünglich vielleicht um den Durchmesser der Erde von einander entfernt sind; wenn in eine Sprache aufgenommen werden können die Erzeugnisse einer andern, schon seit vielen Jahrhunderten erstorbenen: so dürfen wir auf der andern Seite nicht einmal über das Gebiet Einer Sprache hinausgehen, um dieselbe Erscheinung anzutreffen. Denn nicht nur dass die Mundarten verschiedener Stämme Eines Volkes und die verschiedenen Entwickelungen derselben Sprache oder Mundart in verschiedenen Jahrhunderten schon in einem engeren Sinne verschiedene Sprachen sind, und nicht selten einer vollständigen Dolmetschung unter einander bedürfen; selbst Zeitgenossen, nicht durch die Mundart getrennte nur aus verschiedenen Volksklassen, welche durch den Umgang wenig verbunden in ihrer Bildung weit auseinander gehen, können sich öfters nur durch eine ähnliche Vermittlung verstehen. Ja sind wir nicht häufig genötiget, uns die Rede eines Andern, der ganz unseres gleichen ist aber von anderer Sinnes- und Gemütsart, erst zu übersetzen? wenn wir nämlich fühlen, dass dieselben Worte in unserm Munde einen ganz anderen Sinn oder wenigstens hier einen stärkeren dort einen schwächeren Gehalt haben würden als in dem seinigen, und dass, wenn wir dasselbe, was er meint, ausdrücken wollten, wir nach unserer Art uns ganz anderer Wörter und Wendungen bedienen würden: so scheint, indem wir uns dies Gefühl näher bestimmen, und es uns zum Gedanken wird, dass wir übersetzen. Ja unsere eigene Reden müssen wir bisweilen nach einiger Zeit übersetzen, wenn wir sie uns recht wieder aneignen wollen. Und nicht nur dazu wird diese Fertigkeit geübt, um was eine Sprache im Gebiet der Wissenschaften und der redenden Künste hervorgebracht hat, in fremden Boden zu verpflanzen und dadurch den Wirkungskreis dieser Erzeugnisse des Geistes zu vergrößern; sondern sie wird auch geübt im Gewerbsverkehr zwischen Einzelnen verschiedener Völker, und im diplomatischen Verkehr unabhängiger Regierungen mit einander, deren jede nur in ihrer eigenen Sprache zur andern zu reden pflegt, wenn sie, ohne sich einer toten Sprache zu bedienen, streng auf Gleichheit halten wollen.

Allein natürlich, nicht alles was in diesem weiten Umkreise liegt, wollen wir in unsere jetzige Betrachtung hineinziehen. Jene Notwendigkeit, auch innerhalb der eignen Sprache und Mundart zu übersetzen, mehr oder minder ein augenblickliches Bedürfnis des Gemütes, ist eben auch in ihrer Wirkung zu sehr auf den Augenblick beschränkt, um anderer Leitung als der des Gefühls zu bedürfen; und wenn Regeln darüber sollten gegeben werden, könnten es nur jene sein, durch deren Befolgung der Mensch sich eine rein sittliche Stimmung erhält, damit der Sinn auch für das minder Verwandte geöffnet bleibe. Sondern wir nun dieses ab, und bleiben stehen zunächst bei dem Übertragen aus einer fremden Sprache in die unsrige: so werden wir auch hier zwei verschiedene Gebiete – freilich nicht ganz bestimmt, wie dann das selten gelingt, sondern nur mit verwaschenen Grenzen, aber doch wenn man auf die Endpunkte sieht deutlich genug – unterscheiden können. Der Dolmetscher nämlich verwaltet sein Amt in dem Gebiete des Geschäftslebens, der eigentliche Übersetzer vornämlich in dem Gebiete der Wissenschaft und Kunst. Wenn man diese Wortbestimmung willkürlich findet, da man gewöhnlich unter dem Dolmetschen mehr das mündliche, unter dem Übersetzen das schriftliche versteht, so verzeihe man sie der Bequemlichkeit für das gegenwärtige Bedürfnis um so mehr, als doch beide Bestimmungen nicht gar weit entfernt sind. Dem Gebiete der Kunst und der Wissenschaft eignet die Schrift, durch welche allein ihre Werke beharrlich werden; und wissenschaftliche oder künstlerische Erzeugnisse von Mund zu Mund zu dolmetschen, wäre eben so unnütz, als es unmöglich zu sein scheint. Den Geschäften dagegen ist die

Schrift nur mechanisches Mittel; das mündliche Verhandeln ist darin das Ursprüngliche, und jede schriftliche Dolmetschung ist eigentlich nur als Aufzeichnung einer mündlichen anzusehen.

Sehr nahe dem Geist und der Art nach schließen sich diesem Gebiete zwei andere an, die jedoch bei der großen Mannigfaltigkeit der dahin gehörigen Gegenstände schon einen Übergang bilden zum Gebiet der Kunst das eine, das andere zu dem der Wissenschaft. Nämlich jede Verhandlung, bei welcher das Dolmetschen vorkommt, ist auf der einen Seite eine Tatsache, deren Hergang in zwei verschiedenen Sprachen aufgefasst wird. Aber auch die Übersetzung von Schriften rein erzählender oder beschreibender Art, welche also nur den schon beschriebenen Hergang einer Tatsache in eine andere Sprache überträgt, kann noch sehr viel von dem Geschäft des Dolmetschers an sich haben. Je weniger in der Urschrift der Verfasser selbst heraustrat, je mehr er lediglich als auffassendes Organ des Gegenstandes handelte und der Ordnung des Raumes und der Zeit nachging; um desto mehr kommt es bei der Übertragung auf ein bloßes Dolmetschen an. So schließt sich der Übersetzer von Zeitungsartikeln und gewöhnlichen Reisebeschreibungen zunächst an den Dolmetscher an, und es kann lächerlich werden, wenn seine Arbeit größere Ansprüche macht, und er dafür angesehen sein will, als Künstler verfahren zu haben. Je mehr hingegen des Verfassers eigentümliche Art zu sehen und zu verbinden in der Darstellung vorgewaltet hat, je mehr er irgend einer frei gewählten oder durch den Eindruck bestimmten Ordnung gefolgt ist; desto mehr spielt schon seine Arbeit in das höhere Gebiet der Kunst hinüber, und auch der Übersetzer muss dann schon andere Kräfte und Geschicklichkeiten zu seiner Arbeit bringen, und in einem anderen Sinne mit seinem Schriftsteller und dessen Sprache bekannt sein als der Dolmetscher. Auf der andern Seite ist in der Regel jede Verhandlung, bei welcher gedolmetscht wird, eine Festsetzung eines besonderen Falles nach bestimmten Rechtsverhältnissen; die Übertragung geschieht nur für die Teilnehmer, denen diese

Verhältnisse hinreichend bekannt sind, und die Ausdrücke derselben in beiden Sprachen sind entweder gesetzlich oder durch Gebrauch und gegenseitige Erklärungen bestimmt. Aber ein anderes ist es mit Verhandlungen, wiewohl sie sehr oft der Form nach jenen ganz ähnlich sind, durch welche neue Rechtsverhältnisse bestimmt werden. Je weniger diese selbst wieder als ein Besonderes unter einem hinreichend bekannten Allgemeinen können betrachtet werden: desto mehr wissenschaftliche Kenntnis und Umsicht erfordert schon die Abfassung, und desto mehr wissenschaftliche Sach- und Sprachkenntnis wird auch der Übersetzer zu seinem Geschäft bedürfen. Auf dieser zwiefachen Stufenleiter also erhebt sich der Übersetzer immer mehr über den Dolmetscher, bis zu seinem eigentümlichsten Gebiet, nämlich jenen geistigen Erzeugnissen der Kunst und Wissenschaft, in denen das freie eigentümliche kombinatorische Vermögen des Verfassers auf der einen, der Geist der Sprache mit dem in ihr niedergelegten System der Anschauungen und Abschattung der Gemütsstimmungen auf der andern Seite alles sind, der Gegenstand auf keine Weise mehr herrscht, sondern von dem Gedanken und Gemüt beherrscht wird, ja oft erst durch die Rede geworden, und nur mit ihr zugleich da ist.

Worin aber gründet sich nun dieser bedeutende Unterschied, den jeder schon auf den Grenzgegenden inne wird, der aber an den äußersten Enden am stärksten in die Augen leuchtet? Im Geschäftsleben hat man es größtenteils mit vor Augen liegenden, wenigstens mit möglichst genau bestimmten Gegenständen zu tun; alle Verhandlungen haben gewissermaßen einen arithmetischen oder geometrischen Charakter, Zahl und Maß kommen überall zu Hülfe; und selbst bei denen Begriffen, welche, nach dem Ausdruck der Alten, das Mehr und Minder in sich aufnehmen, und durch eine Stufenfolge von Wörtern bezeichnet werden, die im gemeinen Leben in unbestimmtem Gehalt auf- und abwogen, entsteht bald durch Gesetz und Gewohnheit ein fester Gebrauch der einzelnen Wörter. Wenn also der Redende nicht absichtlich um zu hintergehen versteckte Unbestimmtheiten erkünstelt, oder aus Unbedachtsamkeit fehlt: so ist er jedem der Sache und der Sprache Kundigen schlechthin verständlich, und es finden für jeden Fall nur unbedeutende Verschiedenheiten statt im Gebrauch der Sprache. Eben so, welcher Ausdruck in der einen Sprache jedem in der andern entspreche, darüber kann selten ein Zweifel statt finden, der nicht unmittelbar gehoben werden könnte. Deshalb ist das Übertragen auf diesem Gebiet fast nur ein mechanisches Geschäft, welches bei mäßiger Kenntnis beider Sprachen jeder verrichten kann, und wobei, wenn nur das offenbar Falsche vermieden wird, wenig Unterschied des Besseren und Schlechteren statt findet. Bei den Erzeugnissen der Kunst und Wissenschaft aber, wenn sie aus einer Sprache in die andere verpflanzt werden sollen, kommt zweierlei in Betracht, wodurch das Verhältnis ganz geändert wird. Wenn nämlich in zwei Sprachen jedem Worte der einen ein Wort der andern genau entspräche, denselben Begriff in demselben Umfang ausdrückend; wenn ihre Beugungen dieselben Verhältnisse darstellten, und ihre Verbindungsweisen in einander aufgingen, so dass die Sprachen in der Tat nur für das Ohr verschieden wären: so würde dann auch auf dem Gebiete der Kunst und Wissenschaft alles Übersetzen, sofern dadurch nur die Kenntnis des Inhalts einer Rede oder Schrift mitgeteilt werden soll, eben so rein mechanisch sein, wie auf dem des Geschäftslebens; und man würde, mit Ausnahme der Wirkungen, welche Ton und Tonfall hervorbringen, von jeder Übersetzung sagen können, dass der ausländische Leser dadurch zu dem Verfasser und seinem Werk in dasselbe Verhältnis gesetzt werde, wie der einheimische. Nun aber verhält es sich mit allen Sprachen, die nicht so nahe verwandt sind, dass sie fast nur als verschiedene Mundarten können angesehen werden, gerade umgekehrt! und je weiter sie der Abstammung und der Zeit nach von einander entfernt sind, um desto mehr so, dass keinem einzigen Wort in einer Sprache eins in einer andern genau entspricht, keine Beugungsweise der einen genau dieselbe Mannigfaltigkeit von Verhältnisfällen zusammenfasst, wie irgend eine in einer andern. Indem diese

Irrationalität, dass ich mich so ausdrücke, durch alle Elemente zweier Sprachen hindurchgeht, muss sie freilich auch jenes Gebiet des bürgerlichen Verkehrs treffen. Allein es ist offenbar, dass sie hier weit weniger drückt, und so gut als keinen Einfluss hat. Alle Wörter, welche Gegenstände und Tätigkeiten ausdrücken, auf die es ankommen kann, sind gleichsam geeicht, und wenn ja leere übervorsichtige Spitzfindigkeit sich noch gegen eine mögliche ungleiche Geltung der Worte verwahren wollte, so gleicht die Sache selbst alles unmittelbar aus. Ganz anders auf jenem der Kunst und Wissenschaft zugehörigen Gebiet, und überall, wo mehr der Gedanke herrscht, der mit der Rede Eins ist, nicht die Sache als deren willkürliches, vielleicht aber fest bestimmtes Zeichen das Wort nur dasteht. Denn wie unendlich schwer und verwickelt wird hier das Geschäft! welche genaue Kenntnis und welche Beherrschung beider Sprachen setzt es voraus! und wie oft, bei der gemeinschaftlichen Überzeugung, dass ein gleichgeltender Ausdruck gar nicht zu finden sei, gehen die Sachkundigsten und Sprachgelehrtesten bedeutend auseinander, wenn sie angeben wollen, welches denn nun der am nächsten kommende sei. Dies gilt eben so sehr von den lebendigen malerischen Ausdrücken dichterischer Werke, als von den abgezogensten, das Innerste und Allgemeinste der Dinge bezeichnenden der höchsten Wissenschaft.

Das zweite aber, wodurch das eigentliche Übersetzen ein ganz anderes Geschäft wird als das bloße Dolmetschen, ist dieses: Überall, wo die Rede nicht ganz durch vor Augen liegende Gegenstände oder äußere Tatsachen gebunden ist, welche sie nur aussprechen soll, wo also der Redende mehr oder minder selbsttätig denkt, also sich aussprechen will, steht der Redende in einem zwiefachen Verhältnis zur Sprache, und seine Rede wird schon nur richtig verstanden, in wiefern dieses Verhältnis richtig aufgefasst wird. Jeder Mensch ist auf der einen Seite in der Gewalt der Sprache, die er redet; er und sein ganzes Denken ist ein Erzeugnis derselben. Er kann nichts mit völliger Bestimmtheit denken, was außerhalb der Grenzen derselben läge; die

Gestalt seiner Begriffe, die Art und die Grenzen ihrer Verknüpfbarkeit ist ihm vorgezeichnet durch die Sprache, in der er geboren und erzogen ist; Verstand und Fantasie sind durch sie gebunden. Auf der andern Seite aber bildet jeder freidenkende geistig selbsttätige Mensch auch seinerseits die Sprache. Denn wie anders als durch diese Einwirkungen wäre sie geworden und gewachsen von ihrem ersten rohen Zustande zu der vollkommneren Ausbildung in Wissenschaft und Kunst? In diesem Sinne also ist es die lebendige Kraft des Einzelnen, welche in dem bildsamen Stoff der Sprache neue Formen hervorbringt, ursprünglich nur für den augenblicklichen Zweck ein vorübergehendes Bewusstsein mitzuteilen, von denen aber bald mehr, bald minder in der Sprache zurückbleibt, und von Andern aufgenommen weiter bildend um sich greift. Ja man kann sagen, nur in dem Maß einer so auf die Sprache wirkt, verdient er weiter als in seinem jedesmaligen unmittelbaren Bereich vernommen zu werden. Jede Rede verhallt notwendig bald, welche durch tausend Organe immer wieder eben so kann hervorgebracht werden; nur die kann und darf länger bleiben, welche einen neuen Moment im Leben der Sprache selbst bildet. Daher nun will jede freie und höhere Rede auf zwiefache Weise gefasst sein, teils aus dem Geist der Sprache, aus deren Elementen sie zusammengesetzt ist, als eine durch diesen Geist gebundene und bedingte, aus ihm in dem Redenden lebendig erzeugte Darstellung; sie will auf der andern Seite gefasst sein aus dem Gemüt des Redenden als seine Tat, als nur aus seinem Wesen gerade so hervorgegangen und erklärbar. Ja, jegliche Rede dieser Art ist nur verstanden im höheren Sinne des Wortes, wenn diese beiden Beziehungen derselben zusammen und in ihrem wahren Verhältnis gegen einander aufgefasst sind, so dass man weiß, welche von beiden im Ganzen oder in einzelnen Teilen vorherrscht. Man versteht die Rede auch als Handlung des Redenden nur, wenn man zugleich fühlt, wo und wie die Gewalt der Sprache ihn ergriffen hat, wo an ihrer Leitung die Blitze der Gedanken sich hingeschlängelt haben, wo und wie in ihren Formen die umherschweifende Fantasie ist festgehalten worden. Man versteht die Rede auch als Erzeugnis der Sprache und als Äußerung ihres Geistes nur, wenn, indem man z.B. fühlt, so konnte nur ein Hellene denken und reden, so konnte nur diese Sprache in einem menschlichen Geist wirken, man zugleich fühlt, so konnte nur dieser Mann hellenisch denken und reden, so konnte nur er die Sprache ergreifen und gestalten, so offenbart sich nur sein lebendiger Besitz des Sprachreichtums, nur sein reger Sinn für Maß und Wohllaut, nur sein denkendes und bildendes Vermögen. Wenn nun das Verstehen auf diesem Gebiet selbst in der gleichen Sprache schon schwierig ist, und ein genaues und tiefes Eindringen in den Geist der Sprache und in die Eigentümlichkeit des Schriftstellers in sich schließt: wie viel mehr nicht wird es eine hohe Kunst sein, wenn von den Erzeugnissen einer fremden und fernen Sprache die Rede ist! Wer denn freilich diese Kunst des Verstehens sich angeeignet hat, durch die eifrigsten Bemühungen um die Sprache, und durch genaue Kenntnis von dem ganzen geschichtlichen Leben des Volks, und durch die lebendigste Vergegenwärtigung einzelner Werke und ihrer Urheber, den freilich, aber auch nur d e n, kann es gelüsten, von den Meisterwerken der Kunst und Wissenschaft das gleiche Verständnis auch seinen Volks- und Zeitgenossen zu eröffnen. Aber die Bedenklichkeiten müssen sich häufen, wenn er sich die Aufgabe näher rückt, wenn er seine Zwecke genauer bestimmen will und seine Mittel überschlägt. Soll er sich vorsetzen, zwei Menschen, die so ganz von einander getrennt sind wie sein der Sprache des Schriftstellers unkundiger Sprachgenosse und der Schriftsteller selbst, diese in ein so unmittelbares Verhältnis zu bringen, wie das eines Schriftstellers und seines ursprünglichen Lesers ist? Oder wenn er auch seinen Lesern nur dasselbe Verständnis eröffnen will und denselben Genuss, dessen er sich erfreut, dem nämlich die Spuren der Mühe aufgedrückt sind und das Gefühl des Fremden beigemischt bleibt: wie kann er dieses schon, geschweige denn jenes, erreichen mit seinen Mitteln? Wenn seine Leser verstehen sollen, so müssen sie den Geist der Sprache auffassen, die dem Schriftsteller einheimisch war, sie müssen dessen eigentümliche Denkweise und Sinnesart anschauen können; und um dies beides zu bewirken, kann er ihnen nichts darbieten als ihre eigene Sprache, die mit jener nirgends recht übereinstimmt, und als sich selbst, wie er seinen Schriftsteller bald mehr, bald minder hell erkannt hat, und bald mehr, bald minder ihn bewundert und billigt. Erscheint nicht das Übersetzen, so betrachtet, als ein törichtes Unternehmen? Daher hat man in der Verzweiflung dieses Ziel zu erreichen, oder, wenn man lieber will, ehe man dazu kommen konnte, sich dasselbe deutlich zu denken, nicht für den eigentlichen Kunst- und Sprachsinn, sondern für das geistige Bedürfnis auf der einen, für die geistige Kunst auf der andern Seite, zwei andere Arten erfunden, Bekanntschaft mit den Werken fremder Sprachen zu stiften, wobei man von jenen Schwierigkeiten einige gewaltsam hinwegräumt, andere klüglich umgeht, aber die hier aufgestellte Idee der Übersetzung gänzlich aufgibt; dies sind die Paraphrase und die Nachbildung. Die Paraphrase will die Irrationalität der Sprachen bezwingen, aber nur auf mechanische Weise. Sie meint, finde ich auch nicht ein Wort in meiner Sprache, welches jenem in der Ursprache entspricht, so will ich doch dessen Wert durch Hinzufügung beschränkender und erweiternder Bestimmungen möglichst zu erreichen suchen. So arbeitet sie sich zwischen lästigem zu viel und quälendem zu wenig schwerfällig durch eine Anhäufung loser Einzelheiten hindurch. Sie kann auf diese Weise den Inhalt vielleicht mit einer beschränkten Genauigkeit wiedergeben, aber auf den Eindruck leistet sie gänzlich Verzicht; denn die lebendige Rede ist unwiederbringlich getötet, indem Jeder fühlt, dass sie so nicht könne ursprünglich aus dem Gemüt eines Menschen gekommen sein. Der Paraphrast verfährt mit den Elementen beider Sprachen, als ob sie mathematische Zeichen wären, die sich durch Vermehrung und Verminderung auf gleichen Wert zurückführen ließen, und weder der verwandelten Sprache noch der Ursprache Geist kann in diesem Verfahren erscheinen. Wenn noch außerdem die Paraphrase psychologisch die Spuren der

Verbindung der Gedanken, wo sie undeutlich sind und sich verlieren wollen, durch Zwischensätze, welche sie als Merkpfähle einschlägt, zu bezeichnen sucht: so strebt sie zugleich bei schwierigen Kompositionen die Stelle eines Kommentars zu vertreten, und will noch weniger auf den Begriff der Übersetzung zurückgeführt sein. Die Nachbildung dagegen beugt sich unter der Irrationalität der Sprachen; sie gesteht, man könne von einem Kunstwerk der Rede kein Abbild in einer andern Sprache hervorbringen, das in seinen einzelnen Teilen den einzelnen Teilen des Urbildes genau entspräche, sondern es bleibe bei der Verschiedenheit der Sprachen, mit welcher so viele andere Verschiedenheiten wesentlich zusammenhängen, nichts anders übrig, als ein Nachbild auszuarbeiten, ein Ganzes, aus merklich von den Teilen des Urbildes verschiedenen Teilen zusammengesetzt, welches dennoch in seiner Wirkung jenem Ganzen so nahe komme, als die Verschiedenheit des Materials nur immer gestatte. Ein solches Nachbild ist nun nicht mehr jenes Werk selbst, es soll darin auch keinesweges der Geist der Ursprache dargestellt werden und wirksam sein, vielmehr wird eben dem Fremdartigen, was dieser hervorgebracht hat, manches andere untergelegt; sondern es soll nur ein Werk dieser Art, mit Berücksichtigung der Verschiedenheit der Sprache, der Sitten, der Bildungsweise für seine Leser soviel möglich dasselbe sein, was das Urbild seinen ursprünglichen Lesern leistete; indem die Einerleiheit des Eindrucks gerettet werden soll, gibt man die Identität des Werkes auf. Der Nachbildner will also die Beiden, den Schriftsteller und den Leser des Nachbildes, gar nicht zusammenbringen, weil er kein unmittelbares Verhältnis unter ihnen möglich hält, sondern er will nur dem letzten einen ähnlichen Eindruck machen, wie des Urbildes Sprach- und Zeitgenossen von diesem empfingen. Die Paraphrase wird mehr angewendet auf dem Gebiet der Wissenschaften, die Nachbildung mehr auf dem der schönen Kunst; und wie jedermann gesteht, dass ein Kunstwerk durch Paraphrasieren seinen Ton, seinen Glanz, seinen ganzen Kunstgehalt verliert, so hat wohl noch niemand die Torheit unternommen, von einem wissenschaftlichen Meisterwerk eine den Inhalt frei behandelnde Nachbildung geben zu wollen. Beide Verfahrungsarten aber können demjenigen nicht genügen, welcher, von dem Wert eines fremden Meisterwerkes durchdrungen, den Wirkungskreis desselben über seine Sprachgenossen verbreiten will, und welchem der strengere Begriff der Übersetzung vorschwebt. Beide können daher auch wegen ihrer Abweichung von diesem Begriff hier nicht näher beurteilt werden; nur als Grenzzeichen für das Gebiet, mit welchem wir es eigentlich zu tun haben, stehen sie hier.

Aber nun der eigentliche Übersetzer, der diese beiden ganz getrennten Personen, seinen Schriftsteller und seinen Leser, wirklich einander zuführen, und dem letzten, ohne ihn jedoch aus dem Kreise seiner Muttersprache heraus zu nötigen, zu einem möglichst richtigen und vollständigen Verständnis und Genuss des ersten verhelfen will, was für Wege kann er hiezu einschlagen? Meines Erachtens gibt es deren nur zwei. Entweder der Übersetzer lässt den Schriftsteller möglichst in Ruhe, und bewegt den Leser ihm entgegen; oder er lässt den Leser möglichst in Ruhe, und bewegt den Schriftsteller ihm entgegen. Beide sind so gänzlich von einander verschieden, dass durchaus einer von beiden so streng als möglich muss verfolgt werden, aus jeder Vermischung aber ein höchst unzuverlässiges Resultat notwendig hervorgeht, und zu besorgen ist, dass Schriftsteller und Leser sich gänzlich verfehlen. Der Unterschied zwischen beiden Methoden, und dass dieses ihr Verhältnis gegen einander sei, muss unmittelbar einleuchten. Im ersten Falle nämlich ist der Übersetzer bemüht, durch seine Arbeit dem Leser das Verstehen der Ursprache, das ihm fehlt, zu ersetzen. Das nämliche Bild, den nämlichen Eindruck, welchen er selbst durch die Kenntnis der Ursprache von dem Werke, wie es ist, gewonnen, sucht er den Lesern mitzuteilen, und sie also an seine ihnen eigentlich fremde Stelle hinzubewegen. Wenn aber die Übersetzung ihren römischen Autor zum Beispiel reden lassen will, wie er als Deutscher zu Deutschen würde geredet und geschrieben haben: so bewegt sie den Autor nicht etwa nur eben so bis an die Stelle des Übersetzers, denn auch dem redet er nicht deutsch, sondern römisch, vielmehr rückt sie ihn unmittelbar in die Welt der deutschen Leser hinein, und verwandelt ihn in ihres gleichen; und dieses eben ist der andere Fall. Die erste Übersetzung wird vollkommen sein in ihrer Art, wenn man sagen kann, hätte der Autor eben so gut deutsch gelernt, wie der Übersetzer römisch, so würde er sein ursprünglich römisch abgefasstes Werk nicht anders übersetzt haben, als der Übersetzer wirklich getan. Die andere aber, indem sie den Verfasser nicht zeigt, wie er selbst würde übersetzt, sondern wie er ursprünglich als Deutscher deutsch würde geschrieben haben, hat wohl schwerlich einen andern Maßstab der Vollendung, als wenn man versichern könnte, wenn die deutschen Leser insgesamt sich in Kenner und Zeitgenossen des Verfassers verwandeln ließen, so würde ihnen das Werk selbst ganz dasselbe geworden sein, was ihnen jetzt, da der Verfasser sich in einen Deutschen verwandelt hat, die Übersetzung ist. Diese Methode haben offenbar alle diejenigen im Auge, welche sich der Formel bedienen, man solle einen Autor so übersetzen, wie er selbst würde deutsch geschrieben haben. Aus dieser Gegeneinanderstellung erhellt wohl unmittelbar, wie verschieden das Verfahren im Einzelnen überall sein muss, und wie, wenn man in derselben Arbeit mit den Methoden wechseln wollte, alles unverständlich und ungedeihlich geraten würde. Allein ich möchte auch weiter behaupten, dass es außer diesen beiden Methoden keine dritte geben könne, der ein bestimmtes Ziel vorschwebe. Es sind nämlich nicht mehr Verfahrungsarten möglich. Die beiden getrennten Parteien müssen entweder an einem mittleren Punkt zusammentreffen, und das wird immer der des Übersetzers sein, oder die eine muss sich ganz zur andern verfügen, und hiervon fällt nur die eine Art in das Gebiet der Übersetzung, die andere würde eintreten, wenn in unserm Fall die deutschen Leser sich ganz der römischen Sprache, oder vielmehr diese sich ihrer ganz und bis zur Umwandlung bemächtigte. Was man also sonst noch sagt von Übersetzungen nach dem Buchstaben und nach dem Sinn, von treuen und freien, und was für Ausdrücke sich außerdem mögen geltend gemacht haben, wenn auch dies verschiedene Methoden sein sollen, müssen sie sich auf jene beiden zurückführen lassen; sollen aber Fehler und Tugenden dadurch bezeichnet werden, so wird das Treue und das Sinnige, oder das zu Buchstäbliche und zu Freie der einen Methode ein anderes sein als das der andern. Meine Absicht ist daher, mit Beiseitsetzung aller einzelnen über diesen Gegenstand unter den Kunstverständigen schon verhandelten Fragen, nur die allgemeinsten Züge jener beiden Methoden zu betrachten, um die Einsicht vorzubereiten, worin die eigentümlichen Vorzüge und Schwierigkeiten einer jeden bestehen, von welcher Seite daher jede am meisten den Zweck des Übersetzens erreicht, und welches die Grenzen der Anwendbarkeit einer jeden sind. Von einer solchen allgemeinen Übersicht aus bliebe dann zweierlei zu tun, wozu diese Abhandlung nur die Einleitung ist. Man könnte für jede der beiden Methoden, mit Bezugnahme auf die verschiedenen Gattungen der Rede, eine Anweisung entwerfen, und man könnte die ausgezeichnetsten Versuche, welche nach beiden Ansichten gemacht worden sind, vergleichen, beurteilen, und dadurch die Sache noch mehr erläutern. Beides muss ich Anderen oder wenigstens einer anderen Gelegenheit überlassen.

Diejenige Methode, welche danach strebt, dem Leser durch die Übersetzung den Eindruck zu geben, den er als Deutscher aus der Lesung des Werkes in der Ursprache empfangen würde, muss freilich erst bestimmen, was für ein Verstehen der Ursprache sie gleichsam nachahmen will. Denn es gibt eines, welches sie nicht nachahmen darf, und eines, welches sie nicht nachahmen kann. Jenes ist ein schülerhaftes Verstehen, das sich noch mühsam und fast ekelhaft durch das Einzelne hindurchstümpert, und deshalb noch nirgend zu einem klaren Überschauen des Ganzen, zu einem lebendigen Festhalten des Zusammenhanges gedeiht. So lange der gebildete Teil eines Volkes im Ganzen noch keine Erfahrung hat von einem innigeren Eindringen in fremde Sprachen: so mögen auch diejenigen, die weiter gekommen sind, durch ihren guten

Genius bewahrt bleiben, nicht Übersetzungen dieser Art zu unternehmen. Denn wollten sie ihr eigenes Verstehen zum Maßstab nehmen, so würden sie selbst wenig verstanden werden und wenig ausrichten; sollte aber ihre Übersetzung das gewöhnliche Verstehen darstellen, so könnte das holperige Werk nicht zeitig genug von der Bühne heruntergepocht werden. In einem solchen Zeitraume mögen also erst freie Nachbildungen die Lust am Fremden wecken und schärfen, und Paraphrasen ein allgemeineres Verstehen vorbereiten, um so künftigen Übersetzungen Bahn zu machen.* Ein anderes Verstehen aber gibt es,

---

* Dies war im Ganzen noch der Zustand der Deutschen in jener Zeit, von welcher Goethe (A. m. Leben III. S. 111.) redend meint, prosaische Übersetzungen auch von Dichterwerken, und solche werden immer mehr oder weniger Paraphrasen sein müssen, seien förderlicher für die Jugendbildung, und in so fern kann ich ihm völlig beistimmen; denn in solcher Zeit kann von fremder Dichtkunst nur die Erfindung verständlich gemacht werden, für ihren metrischen und musikalischen Wert aber kann es noch kein Anerkenntnis geben. Das aber kann ich nicht glauben, dass auch jetzt

welches kein Übersetzer nachzubilden vermag. Denken wir uns nämlich solche wunderbare Männer, wie sie die Natur bisweilen hervorzubringen pflegt, gleichsam um zu zeigen, dass sie auch die Schranken der Volkstümlichkeit in einzelnen Fällen vernichten kann, Männer, die solche eigentümliche Verwandtschaft fühlen zu einem fremden Dasein, dass sie sich in eine fremde Sprache und deren Erzeugnisse ganz hinein leben und denken, und indem sie sich ganz mit einer ausländischen Welt beschäftigen, sich die heimische Welt und heimische Sprache ganz fremd werden lassen; oder auch solche Männer, die gleichsam das Vermögen der Sprache in sei-

---

der Vossische Homer und der Schlegelsche Shakespeare nur sollten zur Unterhaltung der Gelehrten unter sich dienen; und eben so wenig, dass auch jetzt noch eine prosaische Übersetzung des Homer zu wahrer Geschmacks- und Kunstbildung sollte förderlich sein können; sondern für die Kinder eine Bearbeitung wie die Beckersche, und für die Erwachsenen jung und alt eine metrische Übersetzung, wie wir sie freilich vielleicht noch nicht besitzen; zwischen diese beiden wüsste ich jetzt nichts Förderliches mehr zu setzen.

nem ganzen Umfang darzustellen bestimmt sind, und denen alle Sprachen, die sie irgend erreichen können, völlig gleich gelten, und sie wie angegossen kleiden: diese stehen auf einem Punkt, wo der Wert des Übersetzens Null wird; denn da bei ihrem Auffassen fremder Werke auch nicht der mindeste Einfluss der Muttersprache mehr statt findet, und sie sich ihres Verstehens auf keine Weise in der Muttersprache, sondern ganz heimisch in der Ursprache selbst unmittelbar bewusst werden, auch gar keine Inkommensurabilität fühlen zwischen ihrem Denken und der Sprache, worin sie lesen: so kann auch keine Übersetzung ihr Verstehen erreichen oder darstellen. Und wie es hieße Wasser ins Meer gießen oder gar in den Wein, wenn man für sie übersetzen wollte: so pflegen auch sie von ihrer Höhe herab nicht mit Unrecht gar mitleidig zu lächeln über die Versuche, die auf diesem Gebiet gemacht werden. Denn freilich, wenn das Publikum, für welches übersetzt wird, ihnen gleich wäre, so bedürfte es dieser Mühe nicht. Das Übersetzen bezieht sich also auf einen Zustand, der zwischen diesen beiden mitten inne liegt, und der Übersetzer muss also sich zum Ziel stecken, seinem Leser ein solches Bild und einen solchen Genuss zu verschaffen, wie das Lesen des Werkes in der Ursprache dem so gebildeten Manne gewährt, den wir im besseren Sinne des Worts den Liebhaber und Kenner zu nennen pflegen, dem die fremde Sprache geläufig ist, aber doch immer fremde bleibt, der nicht mehr wie die Schüler sich erst das Einzelne wieder in der Muttersprache denken muss, ehe er das Ganze fassen kann, der aber doch auch da, wo er am ungestörtesten sich der Schönheiten eines Werkes erfreut, sich immer der Verschiedenheit der Sprache von seiner Muttersprache bewusst bleibt. Allerdings bleibt uns der Wirkungskreis und die Bestimmung dieser Art zu übersetzen auch nach der Feststellung dieser Punkte noch schwankend genug. Nur das sehen wir, dass, wie die Neigung zum Übersetzen erst entstehen kann, wenn eine gewisse Fähigheit zum Verkehr mit fremden Sprachen unter dem gebildeten Volksteile verbreitet ist: so auch die Kunst erst wachsen und das Ziel immer höher gesteckt werden wird, je mehr Liebhaberei und Kennerschaft fremder Geisteswerke unter denen im Volke sich verbreitet und erhöht, welche ihr Ohr geübt und gebildet haben, ohne doch Sprachkunde zu ihrem eigentlichen Geschäft zu machen. Aber das können wir uns zugleich nicht verhehlen, dass, je empfänglichere Leser da sind für solche Übersetzungen, um desto höher auch die Schwierigkeiten des Unternehmens sich türmen, zumal wenn man auf die eigentümlichsten Erzeugnisse der Kunst und Wissenschaft eines Volkes sieht, welche doch die wichtigsten Gegenstände für den Übersetzer sind. Nämlich, wie die Sprache ein geschichtliches Ding ist, so gibt es auch keinen rechten Sinn für sie, ohne Sinn für ihre Geschichte. Sprachen werden nicht erfunden, und auch alles rein willkürliche Arbeiten an ihnen und in ihnen ist Torheit; aber sie werden allmählig entdeckt, und Wissenschaft und Kunst sind die Kräfte, durch welche diese Entdeckung gefördert und vollendet wird. Jeder ausgezeichnete Geist, in welchem sich unter einer von beiden Formen ein Teil von den Anschauungen des Volks eigentümlich gestaltet, arbeitet und wirkt hiezu in der Sprache, und seine Werke müssen also auch einen Teil ihrer Geschichte enthalten. Dieses verursacht dem Übersetzer wissenschaftlicher Werke große, ja oft unüberwindliche Schwierigkeiten; denn wer, mit hinreichenden Kenntnissen ausgerüstet, ein ausgezeichnetes Werk dieser Art in der Ursprache liest, dem wird der Einfluss desselben auf die Sprache nicht leicht entgehen. Er merkt, welche Wörter welche Verbindungen ihm dort noch in dem ersten Glanz der Neuheit erscheinen; er sieht, wie sie durch das besondere Bedürfnis dieses Geistes und durch seine bezeichnende Kraft sich in die Sprache einschleichen, und diese Bemerkung bestimmt sehr wesentlich den Eindruck, den er empfängt. Es liegt also in der Aufgabe der Übersetzung, eben dieses auch auf ihren Leser fortzupflanzen; sonst geht ihm ein oft sehr bedeutender Teil dessen, was ihm zugedacht ist, verloren. Aber wie ist dieses zu erreichen? Schon im Einzelnen, wie oft wird einem neuen Worte der Urschrift gerade ein altes und verbrauchtes in unserer Sprache am besten entsprechen, so dass der

Übersetzer, wenn er auch da das Sprachbildende des Werks zeigen wollte, einen fremden Inhalt an die Stelle setzen und also in das Gebiet der Nachbildung ausweichen müsste! wie oft, wenn er auch Neues durch Neues wiedergeben kann, wird doch das der Zusammensetzung und Abstammung nach ähnlichste Wort nicht den Sinn am treusten wiedergeben, und er also doch andere Anklänge aufregen müssen, wenn er den unmittelbaren Zusammenhang nicht verletzen will! Er wird sich damit trösten müssen, dass er an andern Stellen, wo der Verfasser alte und bekannte Wörter gebraucht hat, das Versäumte nachholen kann, und also im Ganzen doch erreicht, was er nicht in jedem einzelnen Falle zu erreichen vermag. Sieht man aber auf die Wortbildung eines Meisters in ihrem ganzen Zusammenhang, auf seinen Gebrauch verwandter Wörter und Wortstämme in ganzen Massen sich auf einander beziehender Schriften: wie will der Übersetzer sich hier glücklich durchfinden, da das System der Begriffe und ihrer Zeichen in seiner Sprache ein ganz anderes ist, als in der Ursprache, und die

Wortstämme, anstatt sich gleichlaufend zu decken, vielmehr einander in den wunderlichsten Richtungen durchschneiden. Unmöglich kann daher der Sprachgebrauch des Übersetzers überall eben so zusammenhangen, wie der seines Schriftstellers. Hier also wird er zufrieden sein müssen, im Einzelnen zu erreichen, was er im Ganzen nicht erreichen kann. Er wird sich bei seinen Lesern bedingen, dass sie nicht eben so streng wie die ursprünglichen bei einer Schrift an die andern denken, sondern jede mehr für sich betrachten, ja dass sie ihn noch loben sollen, wenn er innerhalb einzelner Schriften, ja oft auch nur einzelner Teile derselben, eine solche Gleichförmigkeit in Absicht der wichtigeren Gegenstände zu erhalten weiß, dass nicht Ein Wort eine Menge ganz verschiedener Stellvertreter bekommt, oder in der Übersetzung eine bunte Verschiedenheit herrscht, wo in der Ursprache eine feste Verwandtschaft des Ausdrucks durchgeht. Diese Schwierigkeiten zeigen sich am meisten auf dem Gebiet der Wissenschaft; andere gibt es, und nicht geringere, auf dem Gebiet der Poesie und auch der kunstreicheren Prosa, für welche ebenfalls das musikalische Element der Sprache, das sich in Rhythmus und Tonwechsel offenbart, eine ausgezeichnete und höhere Bedeutung hat. Jeder fühlt es, dass der feinste Geist, der höchste Zauber der Kunst in ihren vollendetsten Erzeugnissen verloren geht, wenn dieses unbeachtet bleibt oder zerstört wird. Was also dem sinnigen Leser der Urschrift in dieser Hinsicht auffällt als eigentümlich als absichtlich als wirksam auf Ton und Stimmung des Gemütes, als entscheidend für die mimische oder musikalische Begleitung der Rede, das soll auch unser Übersetzer mit übertragen. Aber wie oft, ja es ist schon fast ein Wunder, wenn man nicht sagen muss immer, werden nicht die rhythmische und melodische Treue und die dialektische und grammatische in unversöhnlichem Streit gegen einander liegen! Wie schwer, dass nicht im Hin- und Herschwanken, welches hier welches dort solle aufgeopfert werden, oft gerade das Unrechte herauskomme! Wie schwer selbst, dass der Übersetzer unparteiisch, was er jedem hier hat entziehen müssen, ihm, wo die Gelegenheit es mit sich bringt, auch wirklich ersetze, und nicht, wenn gleich unwissentlich, in eine beharrliche Einseitigkeit gerate, weil seine Neigung dem einen Kunstelement vor dem andern gewidmet ist! Denn liebt er in den Kunstwerken mehr den ethischen Stoff und seine Behandlung: so wird er minder merken, wo er dem Metrischen und Musikalischen der Form unrecht getan, und sich, statt auf Ersatz zu denken, mit einer immer mehr ins Leichte und gleichsam Paraphrastische hineinspielenden Übertragung derselben begnügen. Trifft es sich aber, dass der Übersetzer ein Musiker ist oder Metriker, so wird er das logische Element hintansetzen, um sich nur des musikalischen ganz zu bemächtigen; und indem er sich in dieser Einseitigkeit immer tiefer verstrickt, wird er je länger je unerfreulicher arbeiten, und wenn man seine Übertragung im Großen mit der Urschrift vergleicht, wird man finden, dass er, ohne es zu bemerken, jener schülerhaften Dürftigkeit immer näher kommt, der über dem Einzelnen das Ganze verloren geht; denn wenn der materiellen

Ähnlichkeit des Tons und des Rhythmus zu Liebe, was in der einen Sprache leicht ist und natürlich, wiedergegeben wird, durch schwere und anstößige Ausdrücke in der andern: so muss im Ganzen ein völlig verschiedener Eindruck entstehen.

Noch andere Schwierigkeiten zeigen sich, wenn der Übersetzer auf sein Verhältnis zu der Sprache sieht, in der er schreibt, und auf das Verhältnis seiner Übersetzung zu seinen andern Werken. Wenn wir jene wunderbaren Meister ausnehmen, denen mehrere Sprachen gleich sind, oder gar Eine erlernte über die Muttersprache hinaus natürlich, für welche, wie gesagt, durchaus nicht übersetzt werden kann; alle andere Menschen, wie geläufig sie eine fremde Sprache auch lesen, behalten doch immer dabei das Gefühl des Fremden. Wie soll nun der Übersetzer es machen, um eben dieses Gefühl, dass sie Ausländisches vor sich haben, auch auf seine Leser fortzupflanzen, denen er die Übersetzung in ihrer Muttersprache vorlegt? Man wird freilich sagen, das Wort dieses Rätsels sei längst gefunden, und es sei bei uns häufig vielleicht mehr als zu gut gelöset worden; denn je genauer sich die Übersetzung an die Wendungen der Urschrift anschließe, um desto fremder werde sie schon den Leser gemahnen. Freilich wohl, und es ist leicht genug über dieses Verfahren im Allgemeinen zu lächeln. Allein wenn sich diese Freude nicht zu wohlfeil machen will, wenn man nicht das Meisterhafteste mit dem Schülerhaftesten und Schlechtesten in einem Bade ausschütten will: so muss man zugeben, ein unerlassliches Erfordernis dieser Methode des Übersetzens ist eine Haltung der Sprache, die nicht nur nicht alltäglich ist, sondern die auch ahnden lässt, dass sie nicht ganz frei gewachsen, vielmehr zu einer fremden Ähnlichkeit hinübergebogen sei; und man muss gestehen, dieses mit Kunst und Maß zu tun, ohne eigenen Nachteil und ohne Nachteil der Sprache, dies ist vielleicht die größte Schwierigkeit, die unser Übersetzer zu überwinden hat. Das Unternehmen erscheint als der wunderbarste Stand der Erniedrigung, in den sich ein nicht schlechter Schriftsteller versetzen kann. Wer möchte nicht seine Muttersprache überall in der volksgemäßesten Schönheit auftreten lassen, deren jede Gattung nur fähig ist? Wer möchte nicht lieber Kinder erzeugen, die das väterliche Geschlecht rein darstellen, als Blendlinge? Wer wird sich gern auflegen, in minder leichten und anmutigen Bewegungen sich zu zeigen, als er wohl könnte, und bisweilen wenigstens schroff und steif zu erscheinen, um dem Leser so anstößig zu werden, als nötig ist, damit er das Bewusstsein der Sache nicht verliere? Wer wird sich gern gefallen lassen, dass er für unbeholfen gehalten werde, indem er sich befleißiget, der fremden Sprache so nahe zu bleiben, als die eigene es nur erlaubt, und dass man ihn, wie Eltern, die ihre Kinder den Kunstspringern übergeben, tadelt, dass er seine Muttersprache, anstatt sie in ihrer heimischen Turnkunst gewandt zu üben, an ausländische und unnatürliche Verrenkungen gewöhne! Wer mag endlich gern gerade von den größten Kennern und Meistern am mitleidigsten belächelt werden, dass sie sein mühsames und voreiliges Deutsch nicht verstehen würden, wenn sie nicht ihr Hellenisches und Römisches dazu nähmen! Dies sind die Entsagungen, die jener Übersetzer notwendig übernehmen muss, dies die Gefahren, denen er sich aussetzt, wenn er in dem Bestreben, den Ton der Sprache fremd zu halten, nicht die feinste Linie beobachtet, und denen er auch so auf keinen Fall ganz entgeht, weil jeder sich diese Linie etwas anders zieht. Denkt er nun noch an den unvermeidlichen Einfluss der Gewöhnung: so kann ihm bange werden, dass auch in seine freien und ursprünglichen Erzeugnisse vom Übersetzen her manches minder Gehörige und Rauhe sich einschleiche, und ihm der zarte Sinn für das heimische Wohlbefinden der Sprache sich etwas abstumpfe. Und denkt er gar an das große Heer der Nachahmer, und an die in dem schriftstellerischen Publikum herrschende Trägheit und Mittelmäßigkeit: so muss er sich erschrecken, wieviel lockeres gesetzwidriges Wesen, wieviel wahre Unbeholfenheit und Härte, wieviel Sprachverderben aller Art er vielleicht mit zu verantworten bekommt; denn fast nur die Besten und die Schlechtesten werden nicht streben, einen falschen Vorteil aus seinen Bemühungen zu ziehen. Diese Klagen, dass ein solches Übersetzen notwendig der Reinheit der Sprache und ihrer ruhigen Fortentwickelung von innen heraus nachteilig werden müsse, sind häufig gehört worden. Wollen wir sie nun auch vor der Hand bei Seite stellen mit der Vertröstung, dass wohl auch Vorteile werden diesen Nachteilen gegenüberstehen, und dass, wie alles Gute mit Üblem versetzt sei, die Weisheit eben darin bestehe, indem man von dem ersten so viel als möglich erlangt, von dem andern so wenig als möglich mitzunehmen: soviel geht aus dieser schwierigen Aufgabe, dass man in der Muttersprache das Fremde darstellen solle, auf jeden Fall hervor. Zuerst, dass diese Methode des Übersetzens nicht in allen Sprachen gleich gut gedeihen kann, sondern nur in solchen, die nicht in zu engen Banden eines klassischen Ausdrucks gefangen liegen, außerhalb dessen alles verwerflich ist. Solche gebundene Sprachen mögen die Erweiterung ihres Gebietes dadurch suchen, dass sie sich sprechen machen von Ausländern, die mehr als ihre Muttersprache bedürfen, hiezu werden sie sich wohl vorzüglich eignen; sie mögen sich fremde Werke aneignen durch Nachbildungen oder vielleicht durch Übersetzungen der andern Art: diese Art aber müssen sie den freieren Sprachen überlassen, in denen Abweichungen und Neuerungen mehr geduldet werden, und so dass aus ihrer Anhäufung unter gewissen Umständen ein bestimmter Charakter entstehen kann. Ferner folgt deutlich genug, dass diese Art zu übersetzen gar keinen Wert hat, wenn sie in einer Sprache nur einzeln und zufällig betrieben wird. Denn der Zweck ist ja offenbar damit nicht erreicht, dass ein überhaupt fremder Geist den Leser anweht; sondern wenn er eine Ahndung bekommen soll, sei es auch nur eine entfernte, von der Ursprache und von dem, was das Werk dieser verdankt, und ihm so einigermaßen ersetzt werden soll, dass er sie nicht versteht: so muss er nicht nur die ganz unbestimmte Empfindung bekommen, dass, was er liest, nicht ganz einheimisch klingt; sondern es muss ihm nach etwas bestimmtem Anderm klingen; das aber ist nur möglich, wenn er Vergleichungen in Masse anstellen kann. Hat er einiges gelesen, wovon er weiß, dass es aus andern neuen und anderes aus alten Sprachen übersetzt ist, und es ist in diesem Sinn übersetzt: so wird sich ihm wohl ein Gehör anbilden, um das Alte und Neuere zu unterscheiden. Aber weit mehr schon muss er gelesen haben, wenn er hellenischen von römischem Ursprung, oder italiänischen von spanischem unterscheiden soll. Und doch ist auch dieses noch kaum der höchste Zweck; sondern der Leser der Übersetzung wird dem besseren Leser des Werks in der Ursprache erst dann gleich kommen, wann er neben dem Geist der Sprache auch den eigentümlichen Geist des Verfassers in dem Werk zu ahnden und allmählig bestimmt aufzufassen vermag, wozu freilich das Talent der individuellen Anschauung das einzige Organ, aber eben für dieses eine noch weit größere Masse von Vergleichungen unentbehrlich ist. Diese sind nicht vorhanden, wenn in einer Sprache nur hie und da einzelne Werke der Meister in einzelnen Gattungen übertragen werden. Auf diesem Wege können auch die gebildetsten Leser nur eine höchst unvollkommene Kenntnis des Fremden durch Übersetzung erlangen; und dass sie sich zu einem eigentlichen Urteil, es sei über die Übersetzung oder über das Original, sollten erheben können, daran ist gar nicht zu denken. Daher erfordert diese Art zu übersetzen durchaus ein Verfahren im Großen, ein Verpflanzen ganzer Literaturen in eine Sprache, und hat also auch nur Sinn und Wert unter einem Volk, welches entschiedene Neigung hat, sich das Fremde anzueignen. Einzelne Arbeiten dieser Art haben nur einen Wert als Vorläufer einer sich allgemeiner entwickelnden und ausbildenden Lust an diesem Verfahren. Regen sie diese nicht auf, so haben sie auch im Geist der Sprache und des Zeitalters etwas gegen sich; sie können alsdann nur als verfehlte Versuche erscheinen, und auch für sich wenig oder keinen Erfolg haben. Allein auch wenn die Sache überhand nimmt, ist nicht leicht zu erwarten, dass eine Arbeit dieser Art, wie vortrefflich sie auch sei, sich allgemeinen Beifall erwerben werde. Bei den vielen Rücksichten, welche zu nehmen, und Schwierigkeiten, die zu überwinden sind, müssen sich verschiedene Ansichten darüber entwickeln, welche Teile der Aufgabe hervorzuheben, und welche vielmehr unterzuordnen sind. So werden gewissermaßen verschiedene Schulen unter den Meistern und verschiedene Parteien im Publikum sich bilden als Anhänger von jenen, und wiewohl dieselbe Methode überall zum Grunde liegt, werden doch von demselben Werk verschiedene Übersetzungen neben einander bestehen können, aus verschiedenen Gesichtspunkten gefasst, von denen man nicht eben sagen könnte, dass eine im Ganzen vollkommner sei oder zurückstehe, sondern nur einzelne Teile werden in der einen besser gelungen sein, und andere in anderen, und erst alle zusammengestellt und auf einander bezogen, wie die eine auf diese die andere auf jene Annäherung an die Ursprache oder Schonung der eigenen einen besonderen Wert legt, werden sie die Aufgabe ganz erschöpfen, jede aber für sich immer nur einen relativen und subjektiven Wert haben.

Dies sind die Schwierigkeiten, welche dieser Methode des Übersetzens entgegenstehen, und die Unvollkommenheiten, die ihr wesentlich anhängen. Aber diese eingestanden muss man doch das Unternehmen selbst anerkennen, und kann ihm sein Verdienst nicht absprechen. Es beruht auf zwei Bedingungen, dass das Verstehen ausländischer Werke ein bekannter und gewünschter Zustand sei, und dass der heimischen Sprache selbst eine gewisse Biegsamkeit zugestanden werde. Wo diese gegeben sind, da wird ein solches Übersetzen eine natürliche Erscheinung, greift ein in die gesamte Geistesentwickelung, und wie es einen bestimmten Wert erhält, gibt es auch einen sichern Genuss.

Wie steht es nun aber mit der entgegengesetzten Methode, welche, ihrem Leser gar keine Mühe und Anstrengung zumutend, ihm den fremden Verfasser in seine unmittelbare Gegenwart hinzaubern, und das Werk so zeigen will, wie es sein würde, wenn der Verfasser selbst es ursprünglich in des Lesers Sprache geschrieben hätte? Diese Forderung ist nicht selten ausgesprochen worden als diejenige, die man an einen wahren Übersetzer zu machen hätte, und als weit höher und vollkommener in Vergleich mit jener; es sind auch Versuche gemacht worden im einzelnen, oder vielleicht Meisterstücke, die offenbar genug sich dieses Ziel vorgesteckt haben. Lasst uns nun sehen, wie es hiermit steht, und ob es nicht vielleicht gut wäre, wenn dieses bis jetzt unstreitig seltnere Verfahren häufiger würde, und jenes bedenkliche und in vielen Stücken ungenügende verdrängte.

Soviel sehen wir gleich, dass die Sprache des Übersetzers von dieser Methode nicht das mindeste zu befürchten hat. Seine erste Regel muss sein, sich wegen des Verhältnisses, in dem seine Arbeit zu einer fremden Sprache steht, nichts zu erlauben, was nicht auch jeder ursprünglichen Schrift gleicher Gattung in der heimischen Sprache erlaubt wird. Ja er hat so sehr als irgend einer die Pflicht, wenigstens dieselbe Sorgfalt für die Reinigkeit und Vollendung der Sprache zu beobachten, derselben Leichtigkeit und Natürlichkeit des Stils nachzustreben, die seinem Schriftsteller in der Ursprache nachzurühmen ist. Auch das ist gewiss, wenn wir unsern Landsleuten recht anschaulich machen wollen, was ein Schriftsteller für seine Sprache gewesen ist, wir keine bessere Formel aufstellen können, als ihn so redend einzuführen, wie wir uns denken müssen, dass er in der unsrigen würde geredet haben, zumal wenn die Entwickelungsstufe, worauf er seine Sprache fand, eine Ähnlichkeit hat mit der, worauf die unsrige eben steht. Wir können uns in einem gewissen Sinne denken, wie Tacitus würde geredet haben, wenn er ein Deutscher gewesen wäre, das heißt, genauer genommen, wie ein Deutscher reden würde, der unserer Sprache das wäre, was Tacitus der seinigen; und wohl dem, der es sich so lebendig denkt, dass er ihn wirklich kann reden lassen! Aber ob dies nun geschehen könnte, indem er ihn dieselbigen Sachen sagen lässt, die der römische Tacitus in lateinischer Sprache geredet, das ist eine andere und nicht leicht zu bejahende Frage. Denn ein ganz anderes ist, den Einfluss, den ein Mann auf seine Sprache ausgeübt hat, richtig auffassen und irgend wie darstellen, und wieder ein ganz anderes, wissen wollen, wie seine Gedanken und ihr Ausdruck sich würden gewendet haben, wenn er gewohnt gewesen wäre, ursprünglich in einer andern Sprache zu denken und sich auszudrücken! Wer überzeugt ist, dass wesentlich und innerlich Gedanke und Ausdruck ganz dasselbe sind, und auf dieser Überzeugung beruht doch die ganze Kunst alles Verstehens der Rede, und also auch alles Übersetzens, kann der einen Menschen von seiner angebornen Sprache trennen wollen, und meinen, es könne ein Mensch, oder auch nur eine Gedankenreihe eines Menschen, eine und dieselbe werden in zwei Sprachen? oder wenn sie denn auch auf gewisse Weise verschieden ist, kann er sich anmaßen, die Rede bis in ihr Innerstes aufzulösen, den Anteil der Sprache daran auszuscheiden, und durch einen neuen, gleichsam chemischen Prozess, sich das Innerste derselben verbinden zu lassen mit dem Wesen und der Kraft einer andern Sprache? Denn offenbar müsste man, um diese Aufgabe zu lösen, alles, was an dem schriftlichen Werk eines Mannes auch auf die entfernteste Weise Einwirkung irgend dessen ist, was er von Kindheit an in seiner Muttersprache geredet hat und gehört, rein ausscheiden und nun gleichsam der nackten eigentümlichen, in ihrer Richtung auf einen gewissen Gegenstand begriffenen Denkweise desselben zuführen alles dasjenige, was Einwirkung gewesen sein würde, alles dessen, was er vom Anfang seines Lebens oder von seiner ersten Bekanntschaft mit der fremden Sprache an in ihr geredet und gehört hätte, bis er zu der Fertigkeit gekommen wäre, in ihr ursprünglich zu denken und niederzuschreiben? Dies wird nicht eher möglich sein, als bis es gelungen ist, durch einen künstlichen chemischen Prozess organische Produkte zusammenzusetzen. Ja man kann sagen, das Ziel, so zu übersetzen, wie der Verfasser in der Sprache der Übersetzung selbst würde ursprünglich geschrieben haben, ist nicht nur unerreichbar, sondern es ist auch in sich nichtig und leer; denn wer die bildende Kraft der Sprache, wie sie Eins ist mit der Eigentümlichkeit des Volkes, anerkennt, der muss auch gestehen, dass jedem Ausgezeichnetsten am meisten sein ganzes Wissen, und auch die Möglichkeit es darzustellen, mit der Sprache und durch sie angebildet ist, und dass also Niemanden seine Sprache nur mechanisch und äußerlich gleichsam in Riemen anhängt, und wie man leicht ein Gespann löset und ein anderes vorlegt, so sich jemand auch nach Belieben im Denken eine andere Sprache vorlegen könne, dass vielmehr jeder nur in seiner Muttersprache ursprünglich produziere, und man also gar die Frage nicht aufwerfen kann, wie er seine Werke in einer andern Sprache würde geschrieben haben. Hiegegen wird freilich jeder zwei Fälle anführen, die häufig genug vorkommen. Zuerst hat es doch offenbar sonst, nicht nur in einzelnen Ausnahmen, denn so kommt es noch vor, sondern auch im Großen eine Fertigkeit gegeben, in andern Sprachen als der angebornen ursprünglich zu schreiben, ja zu philosophieren und zu dichten. Warum soll man also nicht, um ein desto sichreres Maß zu bekommen, diese Fertigkeit in Gedanken auf jeden Schriftsteller übertragen, welchen man übersetzen will? Darum nicht, weil es mit dieser Fertigkeit die Bewandtnis hat, dass sie nur in solchen Fällen vorkommt, wo dasselbe entweder überhaupt oder wenigstens von demselben nicht könnte in der angebornen Sprache gesagt werden. Wenn wir in die Zeiten zurückgehn, wo die romanischen Sprachen anfingen sich zu bilden, wer kann sagen, welche Sprache damals den dortigen Menschen sei angeboren gewesen? und wer wird leugnen wollen, dass denen, welche eine wissenschaftliche Bestrebung ergriffen, das Lateinische mehr Muttersprache gewesen als das volgare? Dies geht aber für einzelne Bedürfnisse und Tätigkeiten des Geistes noch viel weiter herab. So lange die Muttersprache für diese noch nicht gebildet ist, bleibt diejenige Sprache die partielle Muttersprache, aus welcher jene Richtungen des Geistes sich einem werdenden Volke mitgeteilt haben. Grotius und Leibniz konnten nicht, wenigstens nicht ohne ganz andere Menschen zu sein, deutsch und holländisch philosophieren. Ja auch, wenn jene Wurzel schon ganz vertrocknet und der Senker von dem alten Stamme völlig losgerissen ist, muss doch, wer nicht selbst zugleich ein sprachbildendes und ein umwälzendes Wesen ist, sich noch vielfältig einer fremden Sprache willkürlich oder durch untergeordnete Gründe bestimmt anschließen. Unserm großen König waren alle feineren und höheren Gedanken durch eine fremde

Sprache gekommen, und diese hatte er sich für dieses Gebiet auf das innigste angeeignet. Was er französisch philosophierte und dichtete, war er unfähig deutsch zu philosophieren und zu dichten. Wir müssen es bedauern, dass die große Vorliebe für England, die einen Teil der Familie beherrschte, nicht die Richtung nehmen konnte, ihm von Kindheit an die englische Sprache, deren letztes goldenes Zeitalter damals blühte, und die der deutschen um so vieles näher ist, anzueignen. Aber wir dürfen hoffen, dass wenn er eine streng gelehrte Erziehung genossen hätte, er lieber würde lateinisch philosophiert und gedichtet haben als französisch. Indem also dieses besondern Bedingungen unterliegt, indem nicht in gleichviel welcher fremden Sprache, sondern nur in einer bestimmten, jedes und nur das hervorbringt, was von ihm in seiner Muttersprache nicht konnte hervorgebracht werden: so beweiset es nichts für eine Methode des Übersetzens, welche zeigen will, wie einer das, was er wirklich in seiner Muttersprache geschrieben hat, in einer andern würde geschrieben haben. Der zweite Fall aber, eines ursprünglichen Lesens und Schreibens in fremden Sprachen, scheint günstiger für diese Methode. Denn wer wird es unsern Welt- und Hofleuten absprechen, dass, was sie Liebenswürdiges in fremden Zungen über ihre Lippen bringen, sie auch gleich in derselben Sprache gedacht, und nicht etwa aus dem armen Deutsch erst innerlich übersetzt haben? und wie es ihr Ruhm ist, diese Süßigkeiten und Feinheiten in vielen Sprachen gleich gut sagen zu können, so denken sie sie auch gewiss in allen mit gleicher Leichtigkeit, und jeder wird auch vom andern recht gut wissen, wie er eben das, was er jetzt auf französisch gesagt hat, auf italiänisch würde gesagt haben. Allein diese Reden sind auch freilich nicht aus dem Gebiet, wo die Gedanken kräftig aus der tiefen Wurzel einer eigentümlichen Sprache hervortreiben, sondern wie die Kresse, die ein künstlicher Mann ohne alle Erde auf dem weißen Tuche wachsen macht. Diese Reden sind weder der heilige Ernst der Sprache, noch das schöne wohlgemessene Spiel derselben; sondern wie die Völker durcheinander laufen in dieser Zeit, auf eine Weise, die man sonst weniger kannte, so ist überall Markt, und dieses sind die Marktgespräche, mögen sie nun politisch sein oder literarisch, oder gesellig, und sie gehören wahrlich nicht in das Gebiet des Übersetzers, sondern nur des Dolmetschers etwa. Wenn nun dergleichen, wie es wohl bisweilen geschieht, in ein größeres Ganze sich zusammenfilzen und Schrift werden: so mag eine solche Schrift, die ganz in dem leichten und anmutigen Leben spielt, ohne irgend eine Tiefe des Daseins aufzuschließen oder eine Eigentümlichkeit des Volkes zu bewahren, nach dieser Regel übersetzt werden; aber auch nur sie, weil nur sie eben so gut auch ursprünglich konnte in einer andern Sprache gefasst sein. Und weiter mag diese Regel sich nicht erstrecken, als vielleicht noch auf die Eingänge und Vorhöfe tieferer und herrlicher Werke, die auch oft ganz in dem Gebiet des leichten geselligen Lebens erbaut sind. Nämlich, je mehr den einzelnen Gedanken eines Werkes und ihrer Verknüpfung die Volkseigentümlichkeit anhaftet, und vielleicht gar noch außerdem das Gepräge einer längst abgelaufenen Zeit, um desto mehr verliert die Regel überhaupt ihre Bedeutung. Denn so wahr das auch bleibt in mancher Hinsicht, dass erst durch das Verständnis mehrerer Sprachen der Mensch in gewissem Sinne gebildet wird, und ein Weltbürger: so müssen wir doch gestehen, so wie wir die Weltbürgerschaft nicht für die echte halten, die in wichtigen Momenten die Vaterlandsliebe unterdrückt, so ist auch in Bezug auf die Sprachen eine solche allgemeine Liebe nicht die rechte und wahrhaft bildende, welche für den lebendigen und höheren Gebrauch irgend eine Sprache, gleichviel ob alte oder neue, der vaterländischen gleich stellen will. Wie Einem Lande, so auch Einer Sprache oder der andern, muss der Mensch sich entschließen anzugehören, oder er schwebt haltungslos in unerfreulicher Mitte. Es ist recht, dass noch jetzt unter uns lateinisch geschrieben wird von Amtswegen, um das Bewusstsein lebendig zu erhalten, dass dies unserer Vorfahren wissenschaftliche und heilige Muttersprache gewesen ist; es ist heilsam, dass es auch sonst geschehe im Gebiet der gemeinsamen europäischen Wissenschaft, des leichteren Verkehrs wegen; aber gelingen wird es auch in diesem Fall nur in dem Maß, als für eine solche Darstellung der Gegenstand alles ist, und die eigene Ansicht und Verknüpfung wenig. Dasselbe ist der Fall mit dem Romanischen. Wer gezwungen und von Amtswegen eine solche Sprache schreibt, der wird sich doch wohl bewusst sein, dass seine Gedanken im ersten Entstehen deutsch sind, und dass er nur sehr früh, während der Embryo sich noch gestaltet, schon anfängt sie zu übersetzen, und wer sich einer Wissenschaft wegen dazu aufopfert, der wird sich auch nur da leicht ungezwungen und ohne geheimes Übersetzen finden, wo er sich ganz in der Gewalt des Gegenstandes fühlt. Es gibt freilich auch außerdem eine freie Liebhaberei am lateinisch oder romanisch Schreiben, und wenn es mit dieser wirklich darauf abgesehen wäre, in einer fremden Sprache gleich gut wie in der eigenen und gleich ursprünglich zu produzieren: so würde ich sie unbedenklich für eine frevelhafte und magische Kunst erklären, wie das Doppeltgehen, womit der Mensch nicht nur der Gesetze der Natur zu spotten, sondern auch Andere zu verwirren gedächte. So ist es aber wohl nicht, sondern diese Liebhaberei ist nur ein feines mimisches Spiel, womit man sich in den Vorhöfen höchstens der Wissenschaft und Kunst die Zeit anmutig vertreibt. Die Produktion in der fremden Sprache ist keine ursprüngliche; sondern Erinnerungen an einen bestimmten Schriftsteller oder auch an die Weise eines gewissen Zeitalters, das gleichsam eine allgemeine Person vorstellt, schweben der Seele fast wie ein lebendiges äußeres Bild vor, und die Nachahmung desselben leitet und bestimmt die Produktion. Daher auch selten auf diesem Wege etwas entsteht, was außer der mimischen Genauigkeit einen wahren Wert hätte; und man kann sich des beliebten Kunststückes um so harmloser erfreuen, als man die gespielte Person überall deutlich genug durchblickt. Ist aber Jemand gegen Natur und Sitte förmlich ein Überläufer geworden von der Muttersprache, und hat sich einer andern ergeben: so ist es nicht etwa gezierter und angedichteter Hohn, wenn er versichert, er könne sich in jener nun gar nicht mehr bewegen; sondern es ist nur eine

Rechtfertigung, die er sich selbst schuldig ist, dass seine Natur wirklich ein Naturwunder ist gegen alle Ordnung und Regel, und eine Beruhigung für die Andern, dass er wenigstens nicht doppelt geht wie ein Gespenst.

Doch nur zu lange haben wir uns bei Fremdartigem aufgehalten, und das Ansehn gehabt, vom Schreiben in fremden Sprachen zu reden, anstatt vom Übersetzen aus fremden Sprachen. Die Sache liegt aber so. Wenn es nicht möglich ist, etwas der Übersetzung, sofern sie Kunst ist, Würdiges und zugleich Bedürftiges ursprünglich in einer fremden Sprache zu schreiben, oder wenn dies wenigstens eine seltene und wunderbare Ausnahme ist: so kann man auch die Regel nicht aufstellen für die Übersetzung, sie solle denken, wie der Verfasser selbst eben dieses in der Sprache des Übersetzers würde geschrieben haben; denn es gibt keine Fülle von Beispielen zweisprachiger Schreiber, von denen eine Analogie herzuleiten wäre, welcher der Übersetzer folgen könnte, sondern er wird nach dem obigen bei allen Werken, die nicht der leichten Unterhaltung gleichen, oder dem Geschäftsstil, fast nur seiner Einbildung überlassen sein. Ja was will man einwenden, wenn ein Übersetzer dem Leser sagt, Hier bringe ich dir das Buch, wie der Mann es würde geschrieben haben, wenn er es deutsch geschrieben hätte; und der Leser ihm antwortet, Ich bin dir eben so verbunden, als ob du mir des Mannes Bild gebracht hättest, wie er aussehen würde, wenn seine Mutter ihn mit einem andern Vater erzeugt hätte? Denn wenn von Werken, die in einem höheren Sinne der Wissenschaft und Kunst angehören, der eigentümliche Geist des Verfassers die Mutter ist: so ist seine vaterländische Sprache der Vater dazu. Das eine Kunststücklein wie das andere macht Anspruch auf geheimnisvolle Einsichten, die niemand hat, und nur als Spiel kann man das eine eben so unbefangen genießen wie das andere.

Wie sehr die Anwendbarkeit dieser Methode beschränkt, ja auf dem Gebiet des Übersetzens fast gleich Null ist, das bestätigt sich am besten, wenn man sieht, in was für unüberwindliche Schwierigkeiten sie sich in einzelnen Zweigen der Wissenschaft und

Kunst verwickelt. Wenn man sagen muss, dass schon im Gebrauch des gemeinen Lebens es nur wenig Wörter in einer Sprache gibt, denen eines in irgend einer andern vollkommen entspräche, so dass dieses in allen Fällen gebraucht werden könnte worin jenes, und dass es in derselben Verbindung wie jenes auch allemal dieselbe Wirkung hervorbringen würde: so gilt dieses noch mehr von allen Begriffen, je mehr ihnen ein philosophischer Gehalt beigemischt ist, und also am meisten von der eigentlichen Philosophie. Hier mehr als irgendwo enthält jede Sprache, trotz der verschiedenen gleichzeitigen und auf einander folgenden Ansichten, doch Ein System von Begriffen in sich, die eben dadurch, dass sie sich in derselben Sprache berühren verbinden ergänzen, Ein Ganzes sind, dessen einzelnen Teilen aber keine aus dem System anderer Sprachen entsprechen, kaum Gott und Sein, das Urhauptwort und das Urzeitwort abgerechnet. Denn auch das schlechthin Allgemeine, wiewohl außerhalb des Gebietes der Eigentümlichkeit liegend, ist doch von ihr beleuchtet und gefärbt. In diesem System der Sprache muss die Weisheit eines jeden aufgehn. Jeder schöpft aus dem Vorhandenen, jeder hilft das nicht Vorhandene aber Vorgebildete ans Licht bringen. Nur so ist die Weisheit des Einzelnen lebendig, und kann sein Dasein wirklich beherrschen, welches er ja ganz in dieser Sprache zusammenfasst. Will also der Übersetzer eines philosophischen Schriftstellers sich nicht entschließen, die Sprache der Übersetzung, soviel sich tun lässt, nach der Ursprache zu beugen, um das in dieser ausgebildete Begriffssystem möglichst ahnden zu lassen; will er vielmehr seinen Schriftsteller so reden lassen, als hätte er Gedanken und Rede ursprünglich in einer andern Sprache gebildet: was bleibt ihm übrig, bei der Unähnlichkeit der Elemente in beiden Sprachen, als entweder zu paraphrasieren – wobei er aber seinen Zweck nicht erreicht, denn eine Paraphrase wird und kann nie aussehn wie etwas in derselben Sprache ursprünglich Hervorgebrachtes – oder er muss die ganze Weisheit und Wissenschaft seines Mannes umbilden in das Begriffssystem der andern Sprache, und so alle einzelnen Teile verwandeln, wobei nicht abzusehen ist, wie der wildesten Willkür könnten Grenzen gesetzt werden. Ja man muss sagen, wer nur die mindeste Achtung hat für philosophische Bestrebungen und Entwickelungen, kann sich auf ein so loses Spiel gar nicht einlassen. Platon mag es verantworten, wenn ich von dem Philosophen auf den Komödienschreiber komme. Diese Kunstgattung liegt, was die Sprache betrifft, dem Gebiet des geselligen Gesprächs am nächsten. Die ganze Darstellung lebt in den Sitten der Zeit und des Volkes, die sich wiederum vorzüglich in der Sprache lebendig spiegeln. Leichtigkeit und Natürlichkeit in der Anmut sind ihre erste Tugend; und eben deshalb sind hier die Schwierigkeiten der Übersetzung nach der eben betrachteten Methode ganz ungemein. Denn jede Annäherung an eine fremde Sprache tut jenen Tugenden des Vortrages Schaden. Will nun aber gar die Übersetzung einen Schauspieldichter reden lassen, als hätte er ursprünglich in ihrer Sprache gedichtet: so kann sie ihn ja vieles gar nicht vorbringen lassen, weil es in diesem

Volk nicht einheimisch ist und also auch in der Sprache kein Zeichen hat. Der Übersetzer muss also hier entweder ganz wegschneiden, und so die Kraft und die Form des Ganzen zerstören, oder er muss anderes an die Stelle setzen. Auf diesem Gebiet also führt die Formel vollständig befolgt offenbar auf bloße Nachbildung, oder auf ein noch widerlicher auffallendes und verwirrendes Gemisch von Übersetzung und Nachbildung, welches den Leser wie einen Ball zwischen seiner und der fremden Welt, zwischen des Verfassers und des Übersetzers Erfindung und Witz unbarmherzig hin und her wirft, wovon er keinen reinen Genuss haben kann, zuletzt aber Schwindel und Ermattung gewiss genug davon trägt. Der Übersetzer nach der andern Methode hingegen hat gar keine Aufforderung zu solchen eigenmächtigen Veränderungen, weil sein Leser immer gegenwärtig behalten soll, dass der Verfasser in einer andern Welt gelebt und in einer andern Sprache geschrieben hat. Er ist nur an die freilich schwere Kunst gewiesen, die Kenntnis dieser fremden Welt auf die kürzeste zweckmäßigste

Weise zu supplieren, und überall die größere Leichtigkeit und Natürlichkeit des Originals durchleuchten zu lassen. Diese beiden Beispiele von den äußersten Enden der Wissenschaft und der Kunst hergenommen zeigen deutlich, wie wenig der eigentliche Zweck alles Übersetzens, möglichst unverfälschter Genuss fremder Werke, durch eine Methode erreicht werden kann, welche dem übersetzten Werke ganz und gar den Geist einer ihm fremden Sprache einhauchen will. Hiezu kommt noch, dass jede Sprache ihr Eigentümliches hat auch in den Rhythmen für die Prosa sowohl als die Poesie, und dass, wenn einmal die Fiktion gemacht werden soll, der Verfasser könnte auch in der Sprache des Übersetzers geschrieben haben, man ihn dann auch in den Rhythmen dieser Sprache müsste auftreten lassen, wodurch sein Werk noch mehr entstellt, und die Kenntnis seiner Eigentümlichkeit, welche die Übersetzung gewährt, noch weit mehr beschränkt wird.

Auch geht in der Tat diese Fiktion, auf der doch die jetzt betrachtete Theorie des Übersetzens allein beruht, über den Zweck dieses

Geschäfts weit hinaus. Das Übersetzen aus dem ersten Gesichtspunkt ist eine Sache des Bedürfnisses für ein Volk, von dem nur ein kleiner Teil sich eine hinreichende Kenntnis fremder Sprachen verschaffen kann, ein größerer aber Sinn hat für den Genuss fremder Werke. Könnte dieser Teil ganz in jenen übergehen: so wäre denn jenes Übersetzen unnütz, und schwerlich würde jemand die undankbare Mühe übernehmen. Nicht so ist es mit dieser letzten Art. Diese hat mit der Not nichts zu schaffen, vielmehr ist sie das Werk der Lüsternheit und des Übermutes. Die fremden Sprachen könnten so weit verbreitet sein als nur irgend möglich, und Jedem Fähigen der Zugang zu ihren edelsten Werken ganz offen stehn; und es bliebe doch ein merkwürdiges Unternehmen, und das nur um so mehre und gespanntere Zuhörer um sich versammeln würde, wenn jemand verspräche, uns ein Werk des Cicero oder Platon so darzustellen, wie diese Männer selbst es unmittelbar deutsch jetzt würden geschrieben haben. Und wenn einer uns so weit brächte, dieses nicht nur in der eignen Muttersprache zu tun, sondern gar noch in einer andern fremden, der wäre uns dann offenbar der größte Meister in der schwierigen und fast unmöglichen Kunst, die Geister der Sprachen in einander aufzulösen. Nur sieht man, dies würde streng genommen kein Übersetzen sein, und der Zweck wäre auch nicht der möglichst genaue Genuss der Werke selbst; sondern es würde immer mehr eine Nachbildung werden, und recht genießen könnte ein solches Kunstwerk oder Kunststück nur der, der jene Schriftsteller schon sonsther unmittelbar kennte. Und der eigentliche Zweck könnte nur sein, im einzelnen das gleiche Verhältnis mancher Ausdrücke und Kombinationen in verschiedenen Sprachen zu einem bestimmten Charakter zur Anschauung zu bringen, und im Ganzen die Sprache mit dem eigentümlichen Geist eines fremden Meisters, aber diesen ganz von seiner Sprache getrennt und gelöst, zu beleuchten. Wie nun jenes nur ein kunstreiches und zierliches Spiel ist, und dieses auf einer fast unmöglich durchzuführenden Fiktion beruht: so begreift man, wie diese Art des Übersetzens nur in sehr sparsamen Versuchen geübt wird, die auch selbst deutlich genug zeigen, dass im Großen so nicht verfahren werden kann. Man erklärt sich auch, dass gewiss nur ausgezeichnete Meister, die sich Wunderbares zutrauen dürfen, nach dieser Methode arbeiten können; und mit Recht nur solche, die ihre eigentlichen Pflichten gegen die Welt schon erfüllt haben, und sich deshalb eher einem reizenden und etwas gefährlichen Spiel überlassen können. Man begreift aber auch um so leichter, dass die Meister, welche sich im Stande fühlen so etwas zu versuchen, auf das Geschäft jener andern Übersetzer ziemlich mitleidig herabschauen. Denn sie meinen, sie selbst trieben eigentlich nur allein die schöne und freie Kunst, jene aber erscheinen ihnen weit näher dem Dolmetscher zu stehen, indem sie doch auch dem Bedürfnis, wenn gleich einem etwas höheren, dienen. Und bedauernswürdig scheinen sie ihnen, dass sie weit mehr Kunst und Mühe als billig auf ein untergeordnetes und undankbares Geschäft verwenden. Daher sie auch sehr bereit sind mit dem Rat, man möge doch statt solcher Übersetzungen sich lieber so gut man könnte mit der Paraphrase helfen, wie die Dolmetscher in schwierigen und streitigen Fällen es auch tun.

Wie nun? Sollen wir diese Ansicht teilen und diesem Rat folgen? Die Alten haben offenbar wenig in jenem eigentlichsten Sinn übersetzt, und auch die meisten neueren Völker, abgeschreckt durch die Schwierigkeiten der eigentlichen Übersetzung, begnügen sich mit der Nachbildung und der Paraphrase. Wer wollte behaupten, es sei jemals etwas weder aus den alten Sprachen noch aus den germanischen in die französische übersetzt worden! Aber wir Deutsche möchten noch so sehr diesem Rate Gehör geben, folgen würden wir ihm doch nicht. Eine innere Notwendigkeit, in der sich ein eigentümlicher Beruf unseres Volkes deutlich genug ausspricht, hat uns auf das Übersetzen in Masse getrieben; wir können nicht zurück, und müssen durch. Wie vielleicht erst durch vielfältiges Hineinverpflanzen fremder Gewächse unser Boden selbst reicher und fruchtbarer geworden ist, und unser Klima anmutiger und milder: so fühlen wir auch, dass unsere

Sprache, weil wir sie der nordischen Trägheit wegen weniger selbst bewegen, nur durch die vielseitigste Berührung mit dem Fremden recht frisch gedeihen und ihre eigne Kraft vollkommen entwickeln kann. Und damit scheint zusammenzutreffen, dass wegen seiner Achtung für das Fremde und seiner vermittelnden Natur unser Volk bestimmt sein mag, alle Schätze fremder Wissenschaft und Kunst mit seinen eignen zugleich in seiner Sprache gleichsam zu Einem großen geschichtlichen Ganzen zu vereinigen, das im Mittelpunkt und Herzen von Europa verwahrt werde, damit nun durch Hülfe unserer Sprache, was die verschiedensten Zeiten Schönes gebracht haben, jeder so rein und vollkommen genießen könne, als es dem Fremdling nur möglich ist. Dies scheint in der Tat der wahre geschichtliche Zweck des Übersetzens im Großen, wie es bei uns nun einheimisch ist. Für dieses aber ist nur die Eine Methode anwendbar, die wir zuerst betrachtet haben. Die Schwierigkeiten derselben, die wir nicht verhehlt haben, muss die Kunst soviel möglich besiegen lernen. Ein guter Anfang ist gemacht, aber das meiste ist noch übrig. Viele Versuche und Übungen müssen auch hier vorangehen, ehe einige ausgezeichnete Werke zu Stande kommen; und manches glänzt anfangs, was hernach von Besserem überboten wird. Wie sehr schon einzelne Künstler die Schwierigkeiten teils besiegt, teils sich glücklich zwischen ihnen durchgewunden haben, liegt in mannigfaltigen Beispielen vor Augen. Und wenn auch Minderkundige auf diesem Felde arbeiten: so wollen wir von ihren Bemühungen nicht furchtsamerweise großen Schaden für unsere Sprache besorgen. Denn zuerst muss feststehen, dass es in einer Sprache, in welcher das Übersetzen so sehr im großen getrieben wird, auch ein eignes Sprachgebiet gibt für die Übersetzungen, und ihnen manches erlaubt sein muss, was sich anderwärts nicht darf blicken lassen. Wer dennoch unbefugt solche Neuerungen weiter verpflanzt, wird schon wenig Nachfolger finden oder keine, und wenn wir die Rechnung nur nicht für einen zu kurzen Zeitraum abschließen wollen, so können wir uns schon auf den assimilierenden Prozess der Sprache verlassen, dass sie alles wieder ausstoßen wird, was nur eines vorübergehenden Bedürfnisses wegen angenommen war, und ihrer Natur nicht eigentlich zusagt. Dagegen dürfen wir nicht verkennen, dass viel Schönes und Kräftiges in der Sprache sich erst durch das Übersetzen teils entwickelt hat, teils aus der Vergessenheit ist hervorgezogen worden. Wir reden zu wenig und plaudern verhältnismäßig zu viel; und es ist nicht zu leugnen, dass seit geraumer Zeit auch die Schreibart nur zu sehr diese Richtung genommen hatte, und dass das Übersetzen nicht wenig beigetragen, einen strengeren Stil wieder geltend zu machen. Wenn einst eine Zeit kommt, wo wir ein öffentliches Leben haben, aus welchem sich auf der einen Seite eine gehaltvollere und sprachgerechtere Geselligkeit entwickeln muss, auf der anderen freierer Raum gewonnen wird für das Talent des Redners, dann werden wir vielleicht für die Fortbildung der Sprache weniger des Übersetzens bedürfen. Und möchte nur jene Zeit kommen, ehe wir den ganzen Kreis der Übersetzermühen würdig durchlaufen haben!

Elisabeth Edl
Wolfgang Matz

FREMDE ÄHNLICHKEIT

Theorie und Praxis der Übersetzung nach Schleiermacher

1.

In der immer neuen Diskussion über Weltliteratur und die Kunst des literarischen Übersetzens fallen unweigerlich zwei Namen: Walter Benjamin und Friedrich Schleiermacher. Benjamins »Die Aufgabe des Übersetzers« und Schleiermachers »Über die verschiedenen Methoden des Übersetzens« werden zwar häufig angeführt, jedoch mehr als schmückendes Schlagwort; Schleiermachers legendärer Vortrag, obwohl nach wie vor grundlegend, ist weitgehend ungelesen. Die beiden Abhandlungen haben Grundsätzliches gemeinsam, unterscheiden sich aber auch in einem wesentlichen Punkt.

Gemeinsam ist ihnen, dass sie die literarische Übersetzung für möglich halten und die theoretische Reflexion darüber für sinnvoll. Beides ist nicht selbstverständlich. Übersetzt wird seit Menschengedenken, aber erst spät hat man begonnen, über dieses Tun zu sprechen und nachzudenken, und noch später wollte man generell anzweifeln, ob es überhaupt sinnvoll sei oder nicht sogar unmöglich. Über die sogenannte Unmöglichkeit des Übersetzens gehen die, die es praktizieren, rasch hinweg. Andererseits pflegen gerade Praktiker anzuzweifeln, ob eine theoretische Beschäftigung mit ihrer Tätigkeit nun wiederum Sinn habe, denn kein konkretes Problem werde durch Theorie gelöst. Beidem werden Benjamin und Schleiermacher widersprechen. Die Existenz von Übersetzungen widerlegt ihre prinzipielle Unmöglichkeit. Und obwohl es niemals Ziel von Theorie ist, *stante pede* Lösungen für Einzelprobleme zu liefern, ist Reflexion die Basis für ein begründbares Tun, und Beispiele werden zeigen, dass genaues Nachdenken über sprachliche Fragen sehr konkrete Möglichkeiten der Antwort eröffnet.

Gemeinsam ist Benjamin und Schleiermacher vor allem die Erkenntnis, dass Übersetzungstheorie zwangsläufig auf das grundlegende philosophische Problem der Sprache zurückführt: Übersetzungstheorie ist Sprachtheorie, und an dieser muss sie sich ausweisen. Übersetzungstheorie handelt, abstrakt gesagt, davon, wie sich zwei Sprachen zueinander verhalten und zugleich zu einem Dritten, dem gemeinsamen bezeichneten Sachverhalt. Und sie handelt von dem Vorgang, der diese Elemente miteinander in einem bestimmten Text (Schleiermacher nennt es die »Rede«) verknüpft.

Trotz dieser sprachphilosophischen Gemeinsamkeit geht die Richtung der beiden Abhandlungen an dieser Stelle auseinander. Schleiermacher spricht immer wieder vom Verhältnis des »Redenden« (verstanden als der schreibende Autor) zum Leser der Übersetzung. Nicht nur historisch gesehen berührt er damit jene Frage, die als die banalste gelten kann: Warum und wozu gibt es Übersetzungen? Die banale Seite beantwortet sich leicht: Weil es zum Beispiel Menschen gibt, die kein Französisch können und trotzdem Proust lesen wollen. Auf die weniger banale Seite bezieht sich der übermäßig berühmte und meist missverstandene Satz von Walter Benjamin, der Schleiermachers Überlegung auf den ersten Blick zu widersprechen scheint: »Denn kein Gedicht gilt dem Leser, kein Bild dem Beschauer, keine Symphonie der Hörerschaft. / Gilt eine Übersetzung den Lesern, die das Original nicht verstehen?« Benjamin beantwortet die Frage mit *Nein*, aber selbstverständlich nur in ästhetischer, nicht in pragmatischer Hinsicht. Natürlich ist die Arbeit des Übersetzers von denen abhängig, die das Original – Schleiermacher sagt »die Urschrift« – nicht verstehen; ästhetisch aber bedeutet das für das Werk gar nichts. Dies ist keine müßige Wortklauberei, denn jahrhundertelang haben Übersetzer Benjamins Frage – bewusst oder unbewusst – mit *Ja* beantwortet, und einige tun es noch heute. Dieses Ja bedeutet: Anpassung an den Zeitgeschmack, Anpassung an vermutete Wissenslücken der Leser, Anpassung an eine nivellierte Stilnorm, Anpassung an das so modische wie sinnfreie Kriterium der »Lesbarkeit«; und umgekehrt: Unterdrückung der individuellen Stileigenschaften eines Autors zugunsten eines Justemilieu jener Epoche, in der zwar nicht der Autor, aber der Übersetzer schrieb.

Der Widerspruch zwischen Benjamin und Schleiermacher also ist gar keiner; unterschieden ist an dieser Stelle allein das unmittelbare

Erkenntnisinteresse ihrer Texte. Benjamin bemüht sich um eine allgemeinere, theologisch begründete Sprach-Metaphysik; diese Richtung der allgemeinen Sprachtheorie, die ihm natürlich vertraut war, lässt Schleiermacher hier ausdrücklich beiseite. Wenn er zu Anfang den erweiterten Begriff des Übersetzens zwar beschreibt und anerkennt, sich dann aber ausdrücklich auf das Übersetzen zwischen zwei Sprachen beschränkt, dann weil er sein Augenmerk in der Theorie auf die praktische Anwendbarkeit konzentriert. Schleiermacher diskutiert »Methoden«, also Regeln, Instrumente, Konsequenzen eines Tuns. Die Sprachphilosophie steht immer dahinter; hier aber geht es um das, was aus ihr folgt.

2.

Schleiermacher schreibt in einem Jahrhundert, da in der deutschen Literatur eine wahre »Lust am Übersetzen« fremdsprachiger Werke herrscht, vielleicht mehr als in jeder anderen. In manchen Zügen ist seine Theorie gewiss zeitgebunden; so etwa in den Ausführungen zu einer möglichen Zweisprachigkeit. Doch zusammengefasst sind es drei zentrale Punkte, hinter die eine heutige Übersetzungstheorie nicht zurücktreten kann.

Erstens setzt Schleiermacher die unverzichtbare Unterscheidung für die Ebene oder den Status von Sprache. Dafür benutzt er eine Terminologie, die, wie er selber einräumt, dem gewöhnlichen und auch unserem heutigen Sprachgebrauch zwar widerspricht, aber sie ist durch eine genaue Definition vollkommen eindeutig und anwendbar. Schleiermacher unterscheidet zwischen »Dolmetschen« und »Übersetzen«. Der Begriff des Dolmetschens bezeichnet hier den Transport eines Textes, der sich in seinem sachlichen Inhalt erschöpft und deshalb Sprache allein als Transportmittel dieses Inhalts benutzt. Den Begriff des Übersetzens dagegen reserviert er ausschließlich für solche Texte, in denen die Sprache einen eigenen, selbständigen Status bekommt, in denen sie nicht einfach einen zu vermittelnden Inhalt festhält, sondern selber etwas anstellt mit diesem Inhalt, also nichts anderes ist als »des Verfassers eigentümliche Art zu sehen und zu verbinden«. Hier handelt es sich folglich um Texte der Kunst, der Literatur, aber unbedingt auch um solche der Philosophie und Wissenschaft, sofern sie einen rein technokratischen Sprachcharakter überschreiten. Angemerkt sei, dass Schleiermacher keinen prinzipiellen Unterschied zulässt zwischen Poesie und Prosa, zwischen narrativen und reflexiven Texten; was zählt, ist einzig und allein das komplexe Verhältnis zur eigenen Sprache. Und daraus folgt: Die vorliegende Theorie der Übersetzung beschäftigt sich ausschließlich mit Werken, die sich auf dieser Sprachebene bewegen, definiert durch den schöpferischen Eigenwert der Sprache.

Der funktionale Sprachgebrauch, der nach dem »Dolmetschen« verlangt, folgt funktionalen Regeln: Eine Gebrauchsanweisung etwa ist dann gut übersetzt (»gedolmetscht«), wenn man mit ihr das Gerät in jeder Sprache gleich gut in Betrieb setzen kann, ihre Sprachgestalt aber ist vollkommen gleichgültig. Sprache als Ausdrucksmittel dagegen ist etwas vollkommen anderes, nämlich ein Sprachgebrauch,

»wo die Rede nicht ganz durch vor Augen liegende Gegenstände oder äußere Tatsachen gebunden ist, welche sie nur aussprechen soll, wo also der Redende mehr oder minder selbsttätig denkt, also sich aussprechen will«. Und hier fällt Schleiermachers entscheidender Satz: »Jeder Mensch ist auf der einen Seite in der Gewalt der Sprache, die er redet; er und sein ganzes Denken ist ein Erzeugnis derselben.« Fühlen, Denken, Formulieren, Schreiben, alles ist vorgezeichnet durch die Sprache. »Auf der andern Seite aber bildet jeder freidenkende geistig selbsttätige Mensch auch seinerseits die Sprache.« In diesem Spannungsfeld sieht Schleiermacher jenen Sprachgebrauch, auf den es ihm ankommt: Sprache als schöpferischer Ausdruck lebt in der allgemeinen Tradition, formt sie aber in jedem Augenblick ganz individuell. Am stärksten, das liegt auf der Hand, gilt dies für die literarische Sprache. Und ebenso sichtbar sind sofort die Folgen für die literarische Übersetzung.

Ist Übersetzung überhaupt eine Kunst? Die Antwort verweist auf eine Besonderheit der Sache. Niemand wird behaupten wollen,

Schreiben sei als solches Kunst, und in diesem Sinne ist auch Übersetzen keineswegs unbedingt Kunst. Beim Schreiben verläuft die Grenze im Sinne Schleiermachers zwischen Gebrauchstexten und Literatur, und nur das Zweite gehört in den Bereich der Kunst. Ob eine Übersetzung dorthin gehört, hängt dabei nicht an einem, sondern an zwei Kriterien: Zunächst muss bereits der übersetzte Text Kunst sein, und dann muss auch die Übersetzung sich künstlerisch ausweisen. Nur wenn beide Bedingungen erfüllt sind, können wir von Kunst sprechen; sowohl die mittelmäßige Übersetzung eines Meisterwerks als auch die perfekte Übersetzung eines Durchschnittsprodukts liegen vor ihrer Grenze.

Zweitens unterscheidet Schleiermacher zwei ernsthafte Methoden literarischen Übersetzens – mehr kann es für ihn nicht geben. Ausgeschieden werden die Formen der »Paraphrase« und der »Nachbildung«, also das erklärende, ergänzende und das frei improvisierende Vorgehen, die man ernstlich Übersetzung nicht nennen kann, da sie den sprachlichen Zustand des Textes in entgegengesetzte

Richtungen verlassen. Die ernsthaften Methoden sind nun der Mittelpunkt von Schleiermachers Überlegungen, und hier steht auch sein am häufigsten zitierter Satz: »Meines Erachtens gibt es deren nur zwei. Entweder der Übersetzer lässt den Schriftsteller möglichst in Ruhe, und bewegt den Leser ihm entgegen; oder er lässt den Leser möglichst in Ruhe, und bewegt den Schriftsteller ihm entgegen.« Mit anderen Worten und als Frage formuliert: Soll man einer Übersetzung ansehen, dass sie eine Übersetzung ist, oder soll man es nicht? Soll *Madame Bovary* auf Deutsch klingen wie ein deutsch geschriebener Roman, oder soll man – wodurch, wird zu erörtern sein – etwas spüren können vom französischen Urtext? Natürlich kann man in beide Richtungen die Konsequenzen weit, weiter oder noch weiter treiben, ein wirklich Drittes gibt es nicht.

»Verfremden oder Einbürgern«, so findet man Schleiermacher oft aufs Schlagwort reduziert, er selber unternimmt aber deutlich mehr: Er beurteilt nicht einfach nur Vor- und Nachteile beider Verfahren; vielmehr untersucht er zunächst die logischen Begründungen für das eine wie für das andere, dann die logischen Konsequenzen, und vor allem analysiert er beide in Hinblick auf sein zuvor entwickeltes Verständnis dichterischer Sprache. Hier nun kommt er auf den entscheidenden Unterschied: Die erste, »verfremdende« Methode bezieht sich ganz und gar auf das Verständnis des Originaltextes: Wie schreibt der Autor? Was charakterisiert seine Sprache? Worin liegt seine individuelle Besonderheit? Die zweite, »einbürgernde« Methode dagegen beruht grundsätzlich auf einer Reihe von Hypothesen: Wie hätte er geschrieben, wäre er Deutscher? Was wäre sein Werk als original deutsches Werk? Und Schleiermachers Feststellung in Hinblick auf diese Hypothesen ist kategorisch: Auf *keine* dieser Fragen kann es eine Antwort geben, und deshalb hat keine dieser Fragen einen Sinn. Oder um es mit einem Beispiel zu zeigen: Wäre Goethe Italiener gewesen, niemals wäre ihm sein Gedicht in den Sinn gekommen: »Über allen Gipfeln / Ist Ruh, / In allen Wipfeln / Spürest du ...«

Drittens also kommt Schleiermacher zu seiner abschließenden Konsequenz: Von den zwei möglichen Verfahren des Übersetzens ist tatsächlich nur eines legitim, das erste. Nur ein Verfahren, das die sprachliche Durchformung des Originals respektiert und in sich aufnimmt, kann diesem gerecht werden. Wie Shakespeare als Deutscher geschrieben hätte, ist nicht nur eine prinzipiell unbeantwortbare Frage, entscheidender ist: sie verfehlt das Wesen dichterischer Sprache. »Jeder Mensch«, hieß es, »ist [...] in der Gewalt der Sprache, die er redet; er und sein ganzes Denken ist ein Erzeugnis derselben.« Shakespeare wurde zu Shakespeare nur in seinem Englisch, Flaubert zu Flaubert nur in seinem Französisch. Für denjenigen, der tatsächlich Shakespeare, Flaubert und all die anderen kennenlernen will, kommt nur eine Übersetzung in Frage, die ihren sprachlichen Charakter, ihre sprachlichen Eigenschaften, ja Eigentümlichkeiten wiederzugeben versucht, und diese sind nun einmal unlösbar verwoben im Netz der originalen Sprache. Wer Flaubert mit seiner sprachlichen, also französischen Wirklichkeit übersetzen will, der muss ihn so übersetzen, dass etwas bestehen bleibt von seinem Französisch. Sonst ist es nicht Flaubert.

3.

Natürlich, das ist leichter gesagt als getan – auch für Schleiermacher. Die eigentliche Schwierigkeit skizziert er selber: das gefährliche Extrem nämlich, wenn der Übersetzer »in dem Bestreben, den Ton der Sprache fremd zu halten, nicht die feinste Linie beobachtet«; das Extrem, dass er die geforderte »Verfremdung« über die Grenze des Sinnvollen hinaustreibt bis an einen Punkt, an dem die Übersetzung den Charakter eines deutschen Textes verliert. Die Kunst muss die Grenzlinie finden, wo der fremde Text durch den deutschen hindurchwirkt, ihn aber nicht dominiert. Die Theorie des Übersetzens muss also hier anknüpfen, wo Schleiermacher nicht weiter ins Detail geht.

Da die literarische Übersetzung seit Menschengedenken betrieben wird, lohnt ein kurzer Rückblick. Denn die Kriterien, die Schleiermacher angestoßen hat, haben natürlich keineswegs schon immer bestanden, und es ist durchaus denkbar, dass sie sich eines Tages wiederum ändern. Wenn man es sich heute zur Aufgabe macht, Sinn und Form des Originals gerade auf der *sprachlichen* Ebene aufzunehmen, dann hat das etwa für einen römischen Übersetzer griechischer Poesie ganz und gar nicht gegolten. Auch zu Schleiermachers Zeit hat sich nicht alles von heute auf morgen verändert, und wo er bereits einen Anfang sah, hat man heute womöglich schon wieder Einwände, aber auch dem Schlegel-Tieckschen Shakespeare, dem Tieckschen *Don Quixote* oder dem Schillerschen Racine wird man nicht gerecht, wenn man nur vorrechnet, was an ihnen Schlegel, Tieck und Schiller ist. Mit diesen Namen berühren wir die Frage nach mehreren Übersetzungen ein und desselben Werkes, bei großen Texten der Literaturgeschichte die Regel. Was bedingt den Spielraum, der mehrere Übersetzungen möglich macht? Praktisch hat das Etikett der »Neuübersetzung« natürlich seinen Zweck, im theoretischen Sinne aber keineswegs, denn was soll es, näher betrachtet, ausdrücken? Nicht weniger, aber eben auch nicht mehr als die Tatsache, dass es von dem zu übersetzenden Werk bereits eine oder mehrere Versionen gibt. Das hat für die Arbeit des Übersetzers zwar praktisch, aber *ästhetisch* keinerlei Bedeutung. Natürlich, bevor die Entscheidung für eine solche Arbeit fällt, muss man sich durch Vergleich ein Bild machen, ob eine weitere Übersetzung gerechtfertigt, sprich: anders oder besser sein kann. Darüber hinaus jedoch hat die Existenz älterer Übersetzungen keine ästhetischen Folgen, und deshalb ist eine sogenannte Neuübersetzung etwas anderes, nämlich Übersetzung *tout court*. Vor einer Weile sprach ein Übersetzer davon, er habe sozusagen »im Slalom« um eine bereits vorliegende Fassung herum übersetzen müssen; krasser kann die Aufgabe nicht verfehlt werden, denn das Kriterium für die Übersetzung kann nur das Werk sein, niemals aber ex negativo das Vorhandensein einer anderen.

Nur der Vergleich kann zeigen, ob der Spielraum für eine bessere, genauere, adäquatere Übersetzung vorhanden ist, und hier kommt eine weitere bekannte Ansicht ins Spiel. Immer wieder hört man, von Übersetzern wie von Kritikern, Zweck einer neuen Übersetzung sei es, »Staub vom Buch zu blasen«; in gehobener Variante, jedes Jahrhundert brauche eben seinen Shakespeare, Cervantes, Racine und so weiter; oder, ins Theoretische gewendet: Übersetzungen »alterten« schneller als Originale. Dieses generelle »Altern« von Übersetzungen ist eines jener Theoreme, deren Plausibilität auf den ersten Blick überzeugt. Aber ist die Lutherbibel gealtert? Oder der Schlegel-Tiecksche Shakespeare? Stefan Georges Baudelaire? Goethes Diderot? Gewiss kann man ihnen gegenüber Kritik üben, kann im Detail nach dem Verhältnis zum Original fragen, aber mit einem Prozess des Alterns hat das nichts zu tun. Eine genauere Reflexion ist unverzichtbar.

Die pauschale Behauptung vom Altern verwischt zunächst einen ganz anderen Tatbestand, und in den meisten Fällen geht es allein darum: Ist die Übersetzung ihrem Original nicht adäquat, so war sie es von Anfang an nicht; ist sie fehlerhaft, so war sie es von Anfang an. Vermengt werden hier in der Regel zwei ganz verschiedene Dinge: einerseits die Frage, ob eine Übersetzung ein in sich geschlossener deutscher Text in einer eigenen, eigenständigen Sprache ist; andererseits, ob dieser deutsche Text dem Original konsequent ästhetisch entspricht. Nun ist aber die überwiegende Mehrzahl der großen Romane des neunzehnten Jahrhunderts lange nur in einer Form übersetzt worden, die weder dem einen noch dem anderen Kriterium genügt; Übersetzungen, die weder eine eigene Sprache gewinnen noch die Ästhetik von Manzoni, Stendhal, Henry James wiederzugeben vermögen. Und nur hier könnte man zumindest partiell vom Veralten sprechen: Wenn nämlich eine ästhetisch unreflektierte Übersetzung weder den historischen Sprachstand des Autors wiedergibt noch den des heutigen Lesers, dann kann dieser Leser, der im einundzwanzigsten Jahrhundert einen Roman des Jahres 1857 liest, aufgrund ganz konkreter sprachlicher Dinge wie Wortwahl oder Satzbau den Eindruck bekommen, er lese einen mittelmäßigen Roman von 1957 – nur weil die Übersetzung aus diesem Jahre stammt. Diese Übersetzung ist anachronistisch im doppelten Sinn: gegenüber dem Autor *und* gegenüber dem Leser.

Die Sprache des Übersetzers ist per definitionem Sprache auf einer zweiten Ebene; sie ist zwar Schreiben, aber kein unabhängiges Schreiben; ist, obwohl eigenes Idiom, abhängig vom Schreiben des Autors. Das Original *kann* schlechterdings in diesem Sinne nicht altern, obwohl die Leserschaft in unserem Jahrhundert ihm selbstverständlich seine historische Zeit ansieht; man soll sie ihm auch ansehen, denn genau hier liegt der Reiz eines alten Buches gegenüber jedem neuen. Wenn die Sprache des Übersetzers dagegen altert, dann in dem ganz spezifischen Sinne, dass eine Schere sich öffnet nicht zwischen *zwei* historischen Zeitpunkten: Autor – Leser; sondern zwischen *dreien*: Autor – Übersetzer – Leser. Wenn die Übersetzung dem Original inadäquat ist, wird sie ihre Inadäquatheit und ihren Anachronismus deutlicher zeigen mit jedem vergehenden Jahrzehnt, und sie wird immer weiter zurückfallen in ein zeitliches und stilistisches Niemandsland zwischen dem präzisen Jetzt des Lesers und dem präzisen Damals des Autors. Es sei die These aufgestellt, dass eine Übersetzung, die sich im Sinne Schleiermachers konsequent an die Ästhetik des Originals hält, sehr viel weniger Gefahr läuft, diesem Alterungsprozess zu unterliegen: Haltbarkeit als Kriterium für Qualität.

Zentralbegriff für Schleiermachers Theorie der Kunst des Übersetzens ist eine andere Kunst: die »Kunst des Verstehens«. Schleiermacher spricht als Hermeneutiker, und von hier aus ist nachzuvollziehen, wie eigentlich die Idee einer »adäquaten« Übersetzung begrifflich begründet und methodisch verwirklicht werden kann. Der erste Schritt wird nichts anderes sein als eine genaue Untersuchung *aller* ästhetischen Eigenarten des Werkes: Klang, Rhythmus, Syntax, lange oder kurze Satzgefüge, versteckte Versmaße auch in der Prosa, Ironie, Wortspiele, Alliterationen, aber auch Sachgehalt, Anspielungen, verborgene Zitate, historischer Sprachstand und was der Dinge mehr sind. Über die analytische Erfassung all dieser Faktoren hinaus ist vor allem das genaue Verhältnis unter ihnen entscheidend. Das Verhältnis zwischen formaler Intention und Handlung ist ganz sicher vollkommen unterschiedlich bei Thomas Mann und Alfred Döblin. Balzac, Stendhal, Flaubert sind drei monumentale Romanciers der französischen Literatur mit drei völlig anderen Zugangsweisen zur Sprache, und das Gleiche gilt für Conrad, Faulkner, Joyce. Die Balance von klanglicher, assoziativer Schicht und diskursivem Sinn verhält sich entschieden anders bei so verwandten Dichtern der Moderne wie Charles Baudelaire und Stéphane Mallarmé, in unserer Zeit bei Philippe Jaccottet und Yves Bonnefoy. Was hier mit einigen Namen und Charakterisierungen skizziert ist, stellt in seiner gründlichen Form nichts anderes dar als die Wissenschaft der Hermeneutik in ihrem umfassenden Sinn.

Um das zu zeigen, kann man sich eines Textes bedienen, der in der unmittelbaren Tradition Schleiermachers steht, für die Poetologie der Übersetzung aber viel zu wenig beachtet wird, nämlich des einschlägigen Kapitels in Hans-Georg Gadamers Klassiker

Wahrheit und Methode. Ein Text, der gerade deshalb so interessant ist, weil Gadamer, von einer umfassenden Fragestellung ausgehend, das Problem der Übersetzung als einen speziellen Fall des hermeneutischen Problems schlechthin erklärt. Sprache muss verstanden werden, sonst kann sie ihre Funktion als Raum der Verständigung nicht erfüllen. Der Übersetzer muss also verstehen, was er übersetzt. Der Satz wirkt zunächst fast tautologisch, er ist es aber nicht. Mit Blick auf die eingangs zitierte Unterscheidung Schleiermachers, dass wir es hier nur mit der Übersetzung von Kunst, von Literatur zu tun haben, folgt daraus auch in Gadamers Sinne, dass ein Verstehen, wie es vom Übersetzer verlangt wird, eben nicht nur das selbstverständliche Verstehen jener Fremdsprache ist, die er gelernt hat. Nein, das Verstehen eines solchen Sprach-Textes, sei er Gedicht, Roman, Philosophie, bedeutet zwangsläufig das Verstehen im umfassenden Sinn, das Verstehen *aller* Eigenschaften eines Textes, inhaltlicher, sprachlicher, klanglicher und so weiter. Wer aus »Über allen Gipfeln / Ist Ruh …« nur die Information herauslesen würde, da säße einer auf dem Berg und habe Todesgedanken, der hätte, das ist offensichtlich, das *Gedicht* nicht verstanden – wobei verstehen auch hier natürlich nicht bedeutet, man könne so etwas dingfest machen wie einen diskursiven »Sinn« der Lautspiele von Ruh und Du, Walde und balde, Hauch und auch. Man hat sich angewöhnt, Baudelaires *Les Fleurs du Mal* mit *Die Blumen des Bösen* zu übersetzen, obwohl das französische »fleur« keinen Unterschied macht zwischen Blume und Blüte. Gewohnheit verlangt nach Reflexion: Hatte Baudelaire wirklich die gesamte Blume im Sinn, mit Stengel und Blättern, und nicht vielleicht doch nur die farbige, verführerische, sich öffnende Blüte? Das verwandte Verb »fleurir« hat die Bedeutung von »erblühen«, und den metaphorischen Sinn hat – im Deutschen – nur die Blüte: üppige, wunderliche, seltsame Blüten treiben, in Blüte stehen, in der Blüte seiner Jahre.

Das sind Fragen an den Hermeneutiker, der jeder Übersetzer sein muss. Und um das Missverständnis zu vermeiden, sei wiederholt, hier geht es nicht um ein Verstehen dessen, was der Dichter uns wohl sagen wollte, sondern um das Verstehen eines umfassenden, vieldimensionalen künstlerischen Gebildes; denn nur ein künstlerisches Verstehen kann Verstehen von Kunst sein. In diesem Prozess ist *jeder* Akt des Verstehens, des Lesens ein Akt der Interpretation. Nicht in dem freihändigen Sinn einer individuellen Auslegung, sondern in dem prinzipiellen, dass Verstehen niemals passives Aufnehmen des ohnehin bereitliegenden Sinnes ist, sondern vielmehr Sinn im Verstehen produziert wird. Gadamer schreibt: »Das Beispiel des Übersetzers, der die Kluft der Sprachen zu überwinden hat, läßt die Wechselbeziehung besonders deutlich werden, die zwischen dem Interpreten und dem Text spielt und die der Wechselseitigkeit der Verständigung im Gespräch entspricht. Denn jeder Übersetzer ist Interpret. Die Fremdsprachlichkeit bedeutet nur einen gesteigerten Fall von hermeneutischer Schwierigkeit, d. h. von Fremdheit und Überwindung derselben. Fremd sind in dem gleichen, eindeutig bestimmten Sinne in Wahrheit alle

›Gegenstände‹, mit denen es die traditionelle Hermeneutik zu tun hat. Die Nachbildungsaufgabe des Übersetzers ist nicht qualitativ, sondern nur graduell von der allgemeinen hermeneutischen Aufgabe verschieden, die jeder Text stellt.« Einen »gesteigerten Fall von hermeneutischer Schwierigkeit« bedeutet das Übersetzen nämlich insofern, als der Übersetzer einem Zwang unterliegt, tatsächlich alle Details zu erfassen, die man zwar über*lesen*, in der Übersetzung jedoch niemals über*gehen* könnte, und deshalb schreibt Franz Rosenzweig bei der Arbeit an Jehuda Halevis Hymnen, »ich verstehe selber ein Gedicht fast immer erst, wenn ich es übersetzt habe, ein kompromittierendes Geständnis«. Eben doch kein kompromittierendes Geständnis, sondern genuine, sehr häufige Erfahrung im hermeneutischen Prozess.

Daraus folgt: In einem ersten Schritt unterscheidet sich der Übersetzer, der seine Arbeit ernst nimmt, nicht vom Wissenschaftler; er ist Hermeneutiker, Interpret. Ist diese hermeneutische Grundlage anfangs identisch, so teilen sich anschließend die Aufgaben ganz entschieden, nämlich die Art und Weise, wie diese Interpretationen fixiert werden. Der Übersetzer erklärt sein Verstehen nicht diskursiv, er bildet es, indem er sein Vorbild neu gestaltet. Ob er also die »fleurs« in *Les Fleurs du Mal* als Blumen versteht oder als Blüten, das erklärt der Übersetzer nicht, er sagt es, indem er übersetzt. In Prousts *Recherche* verkündet die Haushälterin Françoise: »[J]'ai encore à plumer mes asperges.« Die Übersetzer haben den Vorgang seit Anbeginn sachlich korrekt wiedergegeben mit: »Ich muss noch meine Spargel schälen«; der Hermeneutiker konstatiert jedoch, dass hier »plumer« und nicht das gewohnte Verb »éplucher« steht, also eines, das meist fürs Hühnerrupfen verwendet wird; so kam zuletzt der Vorschlag, in einer »nicht glättenden« Übersetzung »Spargel rupfen« zu schreiben. Der Hermeneutiker aber darf nicht übersehen, dass nur die immanente Bildhaftigkeit das französische Verb »plumer« vom Huhn auf den Spargel übertragbar macht: die durch die Luft fliegenden, am Boden verstreuten Federn, »plumes«, und genauso die ihnen ganz ähnlichen hauchfeinen Spargelschalen. Das deutsche »rupfen« evoziert mit dem rohen Ausreißen dagegen die Bewegung der Hand, und weil diese bei beiden Tätigkeiten eine ganz und gar unähnliche ist, lässt das Verb »rupfen« sich gerade nicht in analoger Weise übertragen. Wenn er im Deutschen also kein sinnvolles Synonym findet, muss der Übersetzer es hier bei »schälen« bewenden lassen.

Wir lesen einen Satz von Flaubert: »Charles, à la neige à la pluie chevauchait par les chemins de traverse.« Wir verstehen, Flaubert lässt hier nicht nur Charles, er lässt den Satz rhythmisch galoppieren. Der Übersetzer allerdings erklärt das nicht, sondern er sagt es durch seinen eigenen, deutschen Satz: »Charles galoppierte bei Regen bei Schnee über bucklige Wege.« Allein der Akt des Verstehens macht noch keine Übersetzung; der Übersetzer muss vielmehr auch die Fähigkeit mitbringen, dem, was er interpretierend verstanden hat (oder verstanden zu haben glaubt), einen angemessenen sprachlichen Ausdruck zu verleihen. Mit diesem schöpferischen Anteil überschreitet die Übersetzung den hermeneutischen Akt hin zur künstlerischen Gestaltung – zu einer Gestaltung allerdings, die gebunden bleibt durch die Grenzen des Originaltextes und seiner Interpretation: die Übersetzung ist Wissenschaft und Kunst zugleich, oder, wie George Steiner es noch richtiger und schöner genannt hat, »eine exakte Kunst«.

Der Begriff der Interpretation verführt indessen zu einem Missverständnis, und das hat mit der interpretatorischen Freiheit zu tun, die aus ihm zu folgen scheint. Die Worte Interpretation, Interpretieren, Interpret haben jeweils einen doppelten, gewiss verwandten, jedoch deutlich unterschiedenen Sinn. Zum einen gibt es jenen hermeneutischen Begriff, den wir bisher verwendet haben und den wir alle, nebenbei gesagt, auch aus der verballhornten Form im Schulgebrauch kennen: Textinterpretation als Darlegen des verstandenen Sinnes. Parallel dazu gibt es den Interpreten als denjenigen, der dem Sinn des Werkes aus eigener Individualität etwas hinzufügt, denn so tut es der musikalische Interpret. Es ist ein beliebtes Bild, den Übersetzer eines Romans, eines Gedichts, eines Essays mit dem Musiker zu vergleichen, der eine Sonate, eine Suite, eine Fantasie aufführt – oder eben: interpretiert. Diese Analogie ist insoweit tragfähig, als sie anschaulich zeigt, dass zwischen die Sonate und den Hörer, den Roman und den Leser in manchen Fällen ein Dritter treten muss, um das Werk hör- oder lesbar zu machen; bei der Sonate immer, beim Roman nur, wenn er in einer fremden Sprache geschrieben wurde. Wenn der Dritte fehlt, bleiben dem, der nicht selbst Klavier spielen kann, die Diabelli-Variationen genauso stumm wie dem Französischunkundigen *La Chartreuse de Parme*: Dem einen hilft der Pianist, dem anderen der Übersetzer.

Über diese praktische Ebene hinaus ist die Analogie jedoch widersinnig und beruht auf einem fundamentalen Missverständnis. Der musikalische Interpret ist zwar zunächst auch Hermeneutiker, der seine Noten verstehen muss. Nur: Die Noten sind nicht die Musik. Der Pianist vor seinem Heft mit Polonaisen von Chopin findet dort gleichsam Anweisungen, mit denen er das Stück auf dem Instrument zum Klingen bringt, findet Tonhöhen und Tonlängen, dynamische Zeichen, vielleicht Pedalangaben, mehr oder weniger genaue Tempi, aber selbst wenn dort eine Metronomzahl steht, ist all das unendlich weit entfernt von einer vollständigen Fixierung. Mit anderen Worten, in der Polonaise ist der schriftlich fixierte Teil des Kunstwerks ganz grundsätzlich und unvermeidlich nur ein Teil dessen, was der Pianist zum Spielen braucht; *wie* schnell, *wie* laut, *wie* gebunden oder nicht, das steht schlechterdings nicht da. Es gibt hundertmal mehr Nuancen, als die Angaben *pianissimo*, *piano*, *mezzoforte*, *forte*, *fortissimo* benennen können, und Chopin hat deshalb einen ganz wesentlichen Teil seines Werkes nicht aufschreiben können und deshalb auch nicht aufgeschrieben. Diesen spielend zu ergänzen ist Aufgabe des Pianisten. Genau hier also hat der Musiker unvermeidlich einen Freiraum, den ihm keiner nehmen kann, denn er liegt ganz einfach in den Grundbedingungen der abendländischen Musik und ihrer Notation.

In der Literatur gibt es für diesen Freiraum keinerlei Analogie. Die Noten sind nicht die Musik – der Text im Buch aber *ist* der Roman! Nicht mehr und nicht weniger, ihm fehlt nichts, ihm ist nichts hinzuzufügen, während der Pianist den schwarzen Noten noch unendlich viel hinzufügen *muss*, nämlich die ganze klangliche, dynamische Wirklichkeit der erklingenden Musik. Der musikalische Interpret muss dem Werk etwas hinzufügen, was nicht da ist und was deshalb jeder Interpret auf seine Weise ausfüllen muss, und deshalb kann das Ziel der musikalischen Aufführung gar nicht sein, sich einem Ideal der restlosen Verwirklichung der Noten anzunähern, denn gerade die Noten haben diesen offenen Rest erst gelassen. Ganz anders in der Übersetzung: Übersetzt man *Madame Bovary*, dann ist *Madame Bovary* ganz einfach da, und die hermeneutische Anstrengung besteht darin, den Roman in allen seinen Nuancen zu verstehen, und die künstlerische Anstrengung, für jede französische Nuance eine deutsche zu finden. Nie und nimmer jedoch hat man bei Flaubert irgendeinen Freiraum auszufüllen wie Maurizio Pollini bei seiner Chopinschen Polonaise.

Der große Dichter und Übersetzer Philippe Jaccottet hat ebenfalls in einer Akademie-Rede und bereits mit ihrem Titel »Für die Unsichtbarkeit des Übersetzers« seine Vorstellung von dieser Arbeit zusammengefasst, und in einem Aufsatz erläuterte er sie anhand der von ihm übertragenen Gedichte Giuseppe Ungarettis: »Wäre der höchste Ehrgeiz des Übersetzers nicht das vollkommene Verschwinden?« Diese Unsichtbarkeit des Übersetzers, dieses Verschwinden hinter dem Werk, besser: *im* Werk, hat nicht das geringste zu tun mit Unpersönlichkeit oder Neutralität. Im Gegenteil, gerade das Erfassen und Neubilden des fremden Stils wird zur persönlichsten Leistung, denn sogar Unsichtbarkeit ist leichter gesagt als getan. Zu erreichen ist sie nur auf dem schmalen Grat zwischen den bekannten Polen Schleiermachers, der Verfremdung und dem Einbürgern. »Muß man sich aber wirklich entschließen«, fragt Philippe Jaccottet, »zwischen diesen beiden Extremen zu wählen?« Auf der einen Seite stünde eine Version, die alles Spezifische des Originals verloren hat, und diese kommt für Jaccottet so wenig in Frage wie für Schleiermacher. Ganz auf der anderen Seite finden sich Hölderlins Sophokles, Borchardts Dante, Buber-Rosenzweigs Bibel, radikale Versionen, die jeweils ihr Recht haben, doch nie als Vorbild dienen können. Noch einmal Jaccottet: »Die Sprache des Übersetzers wird gewiß bereichert, wenn er sie fremden Wendungen anschmiegt, neue Erfindungen und Ausdruckshaltungen übernimmt, unter der Voraussetzung jedoch, daß er all jene Verrenkungen vermeidet, die den Leser glauben machen, bei dem Original müsse es sich eher um ein hochvertracktes Elaborat als um eine reife, ausgewogene Dichtung handeln.« Die Unsichtbarkeit des Übersetzers besteht also darin, dass er seine deutsche Sprache zwar anspannt und durch die fremde bereichert, aber eben im Dienste seines Autors und nur bis an die Grenze dessen, was noch möglich ist in der eigenen Sprache. Wie dies aber möglich ist, wird gleich zu zeigen sein.

Zuvor noch einmal kurz zu Chopin: Pollini kann sich gar nicht unsichtbar oder unhörbar machen, das leuchtet sofort ein. Und hier liegt deshalb die unüberschreitbare Grenze in der literarischen Übersetzung: Für die musikalische Aufführung ist die Vielfalt der interpretatorischen Möglichkeiten ästhetische Grundbedingung, für die Übersetzung mitnichten. Die ästhetische Aufgabe des Übersetzers besteht nicht darin, Freiräume im Kunstwerk auszufüllen, sondern vielmehr, die Differenz zwischen Original und Übersetzung im Spannungsfeld zweier Sprachen so klein zu machen wie möglich. Im Idealfall ist diese Differenz nur noch die Sprache selbst, wobei dieses große Wort »nur noch« hier mit aller Ironie gesetzt ist, um zu unterstreichen, dass wiederum die restlose Identität der beiden per definitionem ausgeschlossen ist und deshalb vom Übersetzer auch niemals angestrebt wird.

Das mag wieder einmal fast banal klingen, doch ließen sich unzählige Missverständnisse bei Wissenschaftlern, Kritikern, Übersetzern vermeiden, wenn man die scheinbare Banalität wirklich verstehen wollte. Standardfloskeln wie: Keine Übersetzung erreiche das

Original, Übersetzung bedeute immer Verlust, den Ton des Originals könne die Übersetzung nie wiedergeben, Übersetzung sei immer nur Annäherung – all das löst sich auf, macht man sich klar, dass hier etwas bemängelt wird, was niemals Ziel der Übersetzung gewesen ist. Deshalb sei noch ein letzter Gemeinplatz befragt: Die definitive Übersetzung eines Werkes gebe es nicht. Dem ist in seiner apodiktischen Verallgemeinerung schwer zu widersprechen. Dennoch, Übersetzung existiert nicht in einer eigenen Welt und kann deshalb wie jedes menschliche Produkt selbstverständlich bis an eine Grenze getrieben werden, jenseits derer nichts oder nicht mehr viel zu verbessern ist. Wenn sie beides leistet: nämlich das Werk in seine komplexe Struktur hinein versteht und für dieses Verständnis eine eigene Sprache findet, dann wird der Spielraum schmal; und tatsächlich gibt es Übersetzungen, die – solange man sich an Schleiermachers Grundkriterien orientiert – in ihrer Substanz kaum noch zu modifizieren, das heißt: zu verbessern sein werden. Und sollte man dennoch am Begriff der Annäherung festhalten wollen, dann ist die Übersetzung keine Annäherung ans Original – das immer in der Ferne seiner eigenen Sprache bleibt –, sondern eine Annäherung an die ideale Gestalt in der anderen Sprache und nach deren Regeln; mit Umberto Ecos paradoxer Formel: Quasi dasselbe, mit anderen Worten.

4.

Diese hermeneutische Grundlage der Übersetzung kann abstrakt und mechanistisch wirken, als handle es sich um die möglichst genaue Anwendung von methodischen Regeln. Dass die eigentliche Spracharbeit hier erst beginnt, müssen Beispiele zeigen; sie zeigen auch, wie man Schleiermachers »feinste Linie« erreicht, die über Gelingen und Misslingen der Verfremdung entscheidet: durch das Sprachgefühl. Zunächst aber sei noch ein Blick auf die Grenzen des Übersetzens geworfen, denn die Rede von der »Unmöglichkeit« hat ja trotz allem einen Grund. Genannt wird hier meist die Poesie, doch ausgehend von

Schleiermacher zählt nicht formalistisch das Genre, sondern einzig und allein das komplexe Verhältnis zur Sprache: Eine Prosa aus *Le Spleen de Paris* ist nicht anspruchsloser als ein Sonett aus *Les Fleurs du Mal* – wenn man einmal absieht vom Reim, der ein sehr punktuelles, oft überschätztes Spezialproblem ist; unzählbar die gescheiterten Gedichtübersetzungen, die zunächst aus dem vorhandenen Wortvorrat ein Reimschema bauen und dieses dann anfüllen mit dem übriggebliebenen »Inhalt«.

Prinzipiell stellt ein literarischer Text seiner Übersetzung umso mehr Hindernisse entgegen, je enger er sich an besondere, exklusive Eigenheiten der eigenen Sprache anschließt. »Über allen Gipfeln / Ist Ruh …« war, aus Sicht der deutschen Sprache, ein Beispiel, suggestiv zusammengesetzte Worte wie »Sternwürfel« (Paul Celan) oder »Atemschaukel« (Herta Müller) sind andere. Häufig ist der Fall, dass Differenzen im Satzbau zweier Sprachen die Wortstellung und damit die gewollte Rhythmik und Betonung des Autors konterkarieren. Laut und Klang sind niemals von einer Sprache in die andere übertragbar; wo also Laut und Klang gemeinsam mit Rhythmik und Betonung tragende, das heißt unverzichtbare Funktion haben, da stößt man an Grenzen; Grenzen setzt auch die Ambivalenz, die Mehrdeutigkeit einzelner Worte oder Wortgruppen, die sich in verschiedenen Sprachen fast niemals decken; weiterhin ist jede Sprache massiv geprägt von Länge oder Kürze ihrer Wörter, von Gleichklängen unterschiedlicher Wörter, von der Notwendigkeit (oder nicht) der Hilfsverben bei Tempusformen. Womit nur einige zentrale Punkte genannt sind.

Je konsequenter nun ein Autor die spezifischen Mittel seiner Sprache einsetzt und ausreizt, desto schwieriger wird es in einer anderen, bis an die Grenze der Unmöglichkeit. Es liegt auf der Hand, dass dies alles in Poesie häufiger auftritt als in Prosa – ausschließlich ganz gewiss nicht. Jede Schwierigkeit aber wird noch entscheidend verschärft durch ein meist übersehenes, weil rein quantitatives Kriterium: Je kürzer der Text oder die syntaktische oder semantische Einheit – etwa der

Vers –, desto weniger Spielraum ergibt sich für die von Schleiermacher genannte Möglichkeit, *hier* etwas auszugleichen, was *dort* wegfiel. Ungarettis berühmtes Gedicht: »Mattina // M'illumino / d'immenso« bezieht, als Extrembeispiel, seine Unübersetzbarkeit keineswegs aus dem Gehalt, vielmehr aus seiner Kombination der konzentrierten grammatischen Formen des Italienischen mit der extremen Kürze des gesamten Gedichts; was nicht im Wort, im Vers lösbar ist, ist es gar nicht. Dennoch, den Extrembeispielen zum Trotz bleibt die Unmöglichkeit der Ausnahmefall, zeigt aber die graduell ansteigenden Schwierigkeiten.

Geht es nun um die spezifischen Probleme der Übersetzung ins Deutsche und die Möglichkeit, ihnen in Schleiermachers Sinn zu begegnen, so lassen sie sich gleichermaßen in anspruchsvoller Poesie demonstrieren wie in anspruchsvoller Prosa. Flaubert gilt zu Recht als einer, der sich in der Prosa die Probleme der Poesie schuf; ein Beispiel ist der wörtlich wiederholte Schlusssatz der *Éducation sentimentale*: »C'est là ce que nous avons eu de meilleur!« Zum einen handelt es sich um eine gewöhnliche, kolloquiale Wendung, mit der die ganze, einigermaßen missratene Lebensgeschichte der Helden auf dem Gegenwort endet: das beste; zudem hat der Satz einen markanten, versähnlichen Rhythmus. Im Deutschen ist beides: die alltagssprachliche Selbstverständlichkeit und die unverzichtbare Betonung des Schlussworts eben gar nicht selbstverständlich. Die wortwörtliche Übersetzung – etwa: »Das war das Beste, was wir gehabt haben.« – zerstört die Ausdrucksqualität des Satzes; der Nebensatz ist nie an die richtige Stelle zu bringen; die Identität von Demonstrativpronomen (»Das«) und Artikel (»das«) im Gleichklang mit dem Relativpronomen (»was«) ist sowohl unter Flauberts wie Schleiermachers Kriterien unmöglich. Diese Satzstruktur, erzwungen von den Regeln des deutschen Relativsatzes, kann aber für die *Lehrjahre der Männlichkeit* umgangen werden durch die Verwandlung des »ce que nous avons eu« in das Substantiv »Leben«; also: »Für uns war's im Leben das beste.«

Wortstellung hat bei Flaubert stets einen genauen, am Inhalt ebenso wie am Satzrhythmus orientierten Sinn; Anfang, Verlauf und Ende eines Satzes sind nach einer inneren Dramaturgie gestaltet, und wenn die französische Syntax es ermöglicht, den Satz auf ein finales, betontes Substantiv oder Verb hin zu schreiben, darf er im Deutschen nicht mit den Hilfsverben oder Partizipien enden, wie sie der deutsche Nebensatz nach sich zieht. »Madame Bovary, quand elle fut dans la cuisine, s'approcha de la cheminée. Du bout de ses deux doigts, elle prit sa robe à la hauteur du genou, et, l'ayant ainsi remontée jusqu'aux chevilles, elle tendit à la flamme, par-dessus le gigot qui tournait, son pied chaussé d'une bottine noire.« Nachgezeichnet wird der erste, fast voyeuristische Blick, den Emma Bovarys zukünftiger Liebhaber Léon Dupuis aus dem Hintergrund auf die attraktive Unbekannte wirft. Der Blick des Mannes beginnt mit Wahrnehmung und Identifizierung der näherkommenden Emma Bovary über das Gesicht, geht am Oberkörper hinab zur Hand, die kokett den Kleidersaum nach oben zieht, heftet sich dann, das Bein im Flammenschein hinabgleitend, auf die entblößten Knöchel und die erotisch aufgeladenen Stiefelchen. Der Satz folgt dem Blick. Beim Versuch, die Stelle zu übersetzen, verdrängt die deutsche Syntax die Stiefelchen unweigerlich von dem entscheidenden Platz, an den sie Flaubert gesetzt hat, und zerstört die physiologische Reihenfolge der Körperteile; nur durch den fast unmerklichen syntaktischen Bruch in der Mitte ist diese fatale Inversion zu vermeiden: »Als Madame Bovary in der Küche war, trat sie an den Kamin. Mit zwei Fingerspitzen ergriff sie ihr Kleid in der Höhe des Knies, zog es hinauf bis zu den Knöcheln, und so, nah der Flamme, über der sich drehenden Lammkeule, wärmte sie ihren Fuß in seinem schwarzen Stiefelchen.« Ganz im Sinne Schleiermachers macht sich die Übersetzung das Prinzip des französischen Satzbaus zu eigen, überschreitet aber nicht die »Linie«, jenseits derer man die Verfremdung als befremdlich empfinden würde. Nahezu jeder Satzteil endet jetzt mit einem Substantiv, was in einem komplizierteren deutschen Satzgefüge sehr ungewöhnlich ist; die verfremdende Übersetzung übernimmt damit die Fähigkeit zur dramaturgisch gesetzten Betonung durch die französische Wortstellung.

Diese Ausdrucksfähigkeit der Syntax belegen auch der erste und der letzte Satz in *Adrienne Mesurat* von Julien Green: »Debout, les mains derrière le dos, Adrienne regardait le *cimetière.*« Das heißt in einer Übersetzung von 1965: »Mit den Händen auf dem Rücken stand Adrienne und schaute den *Friedhof* an.« Inhaltlich ist das vollkommen richtig; doch im Französischen setzt das erste Wort »Debout« sofort einen mächtigen Akzent für den eigensinnigen, halsstarrigen Charakter des jungen Mädchens, und der ganze Satz läuft zu auf den finalen *cimetière*: »Aufrecht, die Hände hinter dem Rücken, stand Adrienne da und betrachtete den *Friedhof.*« Um diese Ausdrucksqualität wiederzuerschaffen, vermeidet »betrachtete« statt »schaute ... an« zunächst das nachklappernde Präfix an unpassendster Stelle – ein Schrecken der deutschen Sprache. Für den mächtigen, den ganzen Satz intonierenden Auftakt war es nötig, ein stützendes Verb (dastehen) hinzuzufügen, ohne den das »Aufrecht« in der Luft hinge. Damit entspricht diese Version der Romanexposition fast mimetisch genau. Das setzt sich fort bis zum letzten Wort des Buches: »Elle ne put donner ni son nom ni son adresse. Elle ne se rappelait plus rien.« – »Sie konnte weder ihren Namen noch ihre Adresse angeben. Sie erinnerte sich an überhaupt nichts mehr.« Oder: »Sie wusste weder ihren Namen noch ihre Adresse. Sie erinnerte sich an nichts.« Dieses Ende bezieht seine ganze Kraft aus den wuchtigen drei Worten: »nom«, »adresse«, »rien«. Ihre unverzichtbare Endstellung ist zu erhalten, indem Modalverb (»put« – »konnte«) und Vollverb (»donner« – »angeben«) verschmelzen zu einem einzigen »wusste«; und wenn der Autor seinen Roman mit dem harten »plus rien« schließt, muss die deutsche Sprache auf ihr »mehr« verzichten, zugunsten eines definitiven: »nichts«. Die Übersetzung bewegt den Leser hin zur französischen Syntax, macht nachvollziehbar, wozu der Autor die spezifischen Eigenschaften *seiner* Sprache eingesetzt hat – Syntax als Stilmittel und Bereicherung.

Wie weit man hier gehen kann, bevor man Schleiermachers »Linie« überschreitet, ist, wie er selber feststellt, nicht definitiv zu entscheiden, sondern Sache des Sprachgefühls. In Yves Bonnefoys Langgedicht »Ensemble encore« wiederholt sich als durchgehendes Motiv die Formel: »Je vous lègue / La certitude inquiète …«, »Je vous lègue les dons que vous me fîtes …«, »Je vous lègue le feu que nous regardions / Brûler …«, Geste des Weitergebens, Anvertrauens, Vertrauens. Nun fordert aber das deutsche Verb »anvertrauen« das nachgestellte Präfix: »Ich vertraue euch die ruhlose Gewissheit an«; unmöglich in einem Gedicht und noch unmöglicher in der mehrfachen Wiederholung. Stattdessen: »Ich anvertraue euch / die ruhlose Gewissheit …«, »Ich anvertraue euch die Gaben, die ihr mir gabt …, »Ich anvertraue euch das Feuer, das wir brennen sahn …« Möglich, unmöglich? Entscheiden muss das Sprachgefühl dessen, der schreibt oder liest. In Bonnefoys Gedicht mit seinem hohen, kunstvollen Ton, seinem Pathos, das sich von der französischen Alltagssprache etwa durch seltene Tempusformen entfernt, verlangt auch die Übersetzung zugunsten der inneren Sprach- und Gedankenstruktur nach einer Ausreizung aller grammatischen Möglichkeiten: Das »Ich anvertraue euch …« gewinnt ausgleichend geradezu etwas zurück von jenem Pathos, das dieses Gedicht von Anfang bis Ende atmet. Zuletzt aber: Schlägt man nur gründlich genug nach, so findet sich auch unter deutschsprachigen Autoren der Beleg: »Zuletzt anvertraute er sich seiner Tochter«, schreibt Gottfried Keller in den *Züricher Novellen*; Beweis, dass die Notwendigkeit einer solchen Ausdrucksqualität nicht nur der Übersetzer verspürt.

Doch man täusche sich nicht, all das gilt keineswegs nur für große Poesie, sondern auch für ein Schreiben, das konsequent, bewusst Alltagssprache als Kunstprosa gestaltet, die Kunst im Einfachen aber unsichtbar machen will – fast. So Georges Simenon, einer der großen Romanciers des zwanzigsten Jahrhunderts. In einer solchen Prosa geht es dabei oft um Details, die im Einzelnen unauffällig wirken mögen, in der Summe jedoch den

Charakter des Textes massiv bestimmen. Das gilt natürlich besonders für direkte Rede, denn hier spricht nicht nur der Erzähler, sondern jede seiner Figuren mit ihren Besonderheiten: Landschaft, Dialekt, Intelligenz, Temperament, soziale Zugehörigkeit: »Pour la menacer de lui dresser procès-verbal quand elle jetait les ordures par la fenêtre.« – »Er hat gedroht, er zeigt sie an, wenn sie ihren Müll rausschmeißt ausm Fenster.« Französische Infinitivkonstruktionen sind unkomplizierter und deshalb weniger hochsprachlich konnotiert, während die deutsche Um-zu-Konstruktion gerade bei simplen, rudimentären Aussagesätzen als Fremdkörper wirkt; um den umgangssprachlichen Ton der Rede herzustellen, ist also statt der voneinander abhängigen Nebensätze eine knappe, parataktische Konstruktion gewählt. Anders wiederum der Schluss des Romans *Betty*, hartes, knappes Resümee nach dem Zweikampf zweier Frauen, aus der Perspektive einer dritten: »Comment la générale aurait-elle pu deviner que Laure Lavancher, en définitive, était morte à la place de Betty? / C'était l'une ou l'autre. / Betty avait gagné.« – »Wie sollte die Generalin es ahnen, alles in allem, gestorben war Laure Lavancher anstelle von Betty. / Das war's: sie oder sie. / Betty hatte gewonnen.« Die Formel »l'une ou l'autre« würde als »die eine oder die andere« mit doppelter Silbenzahl schwerfällig, ohne inneren Rhythmus. Analog zur deutschsprachigen Alternative »so oder so« ist »sie oder sie« zugespitzt, härter. Hier bewährt sich Schleiermachers Grundsatz, wonach der Übersetzer auf den gesamten Text bezogen ausgleichend arbeitet, also in einem Falle etwas verliert, dafür »an andern Stellen [...] das Versäumte nachholen kann, und also im Ganzen doch erreicht, was er nicht in jedem einzelnen Falle zu erreichen vermag«. Häufig sind deutsche Konstruktionen aufwendiger; hier gelingt das Umgekehrte.

Das an diesen Beispielen demonstrierte Übersetzen stößt allerdings nach wie vor auf eine Schwierigkeit, die Schleiermacher in einer wichtigen, aber kaum beachteten Passage benennt: dass nämlich für die sinnvolle Rezeption »verfremdender« Übersetzungen eine »weit größere Masse von Vergleichungen unentbehrlich« sei: Um das Fremde, also die französische, italienische, griechische Sprache im deutschen Buch, im deutschen Satz identifizieren zu können, braucht es die Schulung durch Wiederholung und Vergleich; bestimmte Strukturen erkennt der Leser nur, wenn er beginnt, sie in verschiedenen Werken durch regelmäßiges Lesen *wieder*zuerkennen. Das einzelne Werk dagegen riskiert, schlimmstenfalls nur als exzentrisch empfunden zu werden. Schleiermachers Forderung nach einer differenzierten Übersetzungskultur auch für Lektüre und Kritik ist wohl weiterhin nur begrenzt erfüllt.

5.

Yves Bonnefoy stellt in seinem bedeutenden Buch zur poetischen Übersetzung die Frage: »Fällt der Schnee auf gleiche Weise in allen Sprachen?« Mag die naturwissenschaftliche Definition für »Schnee« universal sein, der Echoraum der verschiedenen weltsprachlichen Worte, die ihn bezeichnen, ist es ganz sicher nicht: Klang, Betonung, Silbenzahl, aber auch das so ganz andere Assoziationsfeld etwa für einen provenzalischen oder schwedischen Dichter: »Jede Sprache hat ihre eigene Idee vom Schnee.« Bonnefoys Überlegung gibt ein wunderbares Bild für die prinzipielle Nicht-Identität zweier Sprachen und damit von Original und Übersetzung. »Wer überzeugt ist«, sagt Schleiermacher, »dass wesentlich und innerlich Gedanke und Ausdruck ganz dasselbe sind, und auf dieser Überzeugung beruht doch die ganze Kunst alles Verstehens der Rede, und also auch alles Übersetzens, kann der einen Menschen von seiner angebornen Sprache trennen wollen, und meinen, es könne ein Mensch, oder auch nur eine Gedankenreihe eines Menschen, eine und dieselbe werden in zwei Sprachen?« Und gerade das, »einen Menschen von seiner angebornen Sprache trennen«, tut jede Übersetzung: die französischen, italienischen, griechischen Assoziationen des Schnees verbleiben in ihrer Sprache, auch in jeder Schleiermacherschen verfremdenden Übersetzung. Ein Werk und seine Übersetzung bleiben *prinzipiell* zwei verschiedene, nicht identische Texte. Will man also nur »des Verfassers eigentümliche Art zu sehen und zu verbinden« nachvollziehen, ausschließlich und *nichts* als sie – dann geht das tatsächlich nur mit dem Original in seiner Sprache. Das aber ändert nichts an der Notwendigkeit der Übersetzung und an Schleiermachers Prinzip, theoretisch wie praktisch: »[E]in unerlassliches Erfordernis dieser Methode des Übersetzens ist eine Haltung der Sprache, die nicht nur nicht alltäglich ist, sondern die auch ahnden lässt, dass sie nicht ganz frei gewachsen, vielmehr zu einer fremden Ähnlichkeit hinübergebogen sei; und man muss gestehen, dieses mit Kunst und Maß zu tun, ohne eigenen Nachteil und ohne Nachteil der Sprache, dies ist vielleicht die größte Schwierigkeit, die unser Übersetzer zu überwinden hat.« Der paradoxe Begriff der »fremden Ähnlichkeit« bezeichnet die jeder Übersetzung innewohnende Paradoxie, dasselbe zu sein und zugleich etwas anderes. Laut Benjamin ist Übersetzung keine Technik, sondern eine genuine literarische »Form«. Das grundlegende Formgesetz dieser Kunst hat Schleiermacher aufgestellt. Der originale Ausgangstext ist ein Kunstwerk in seiner Sprache. Die Übersetzung eines Kunstwerks kann die geforderte Gleichzeitigkeit von Fremdheit und Ähnlichkeit nur dann herstellen, wenn auch sie diesen Kunstcharakter besitzt, nun in ihrer eigenen Sprache.

ANHANG

Editorische Notiz

Friedrich Schleiermacher hielt seinen Vortrag *Ueber die verschiedenen Methoden des Uebersetzens* zweimal in der Königlich-Preußischen Akademie der Wissenschaften zu Berlin: am 24. Juni 1813 in der Philosophischen Klasse, am 3. Juli 1813 wiederholte er ihn in öffentlicher Sitzung. Publiziert wurde der Text in den *Abhandlungen der Königlichen Preußischen Akademie der Wissenschaften zu Berlin 1812–1813*. Berlin 1816, S. 143–172; zum Titel die Fußnote: »Vorgelesen den 24ten Junius 1813.« Nach dem Tod des Autors wurde er aufgenommen in die große Ausgabe: *Friedrich Schleiermacher's sämmtliche Werke*, Band III/2. Berlin 1838, S. 207–245; dann neu ediert in: *Kritische Gesamtausgabe*, Abt. 1, Schriften und Entwürfe. Bd. 11: Akademievorträge. Hg. von Martin Rößler. Berlin/New York 2002, S. 65–94. Ein weiterer Druck ist überliefert in der Anthologie: *Das Problem des Übersetzens*. Hg. von Hans Joachim Störig. Darmstadt 1963, S. 38–70. Eine selbständige Publikation ist nicht bekannt. – Unsere Edition folgt dem Erstdruck von 1816; verglichen wurden die Ausgaben von 1838 und 2002.

Die Orthographie des Erstdrucks wurde für diese erste Leseausgabe zurückhaltend modernisiert. Dies betrifft nach üblicher Regel ausschließlich überholte und lautlich gleichgültige Schreibweisen wie z. B. *Übersetzen* für *Uebersetzen*, *Wert* für *Werth*, *Eindruck* für *Eindrukk*, *Kenntnis* für *Kenntniß*, *willkürlich* für *willkührlich*, *philosophieren* für *philosophiren* etc. Vereinheitlicht wurde die Großschreibung für substantivierte Adjektive: z. B. *der Redende* für *der redende*, *das Fremde* für *das fremde*, *viel Schönes* für *viel schönes*. Alles andere: Lautstand, Groß- und Kleinschreibung, Auseinander- und Getrenntschreibung sowie sämtliche Besonderheiten, wurde bewahrt. – Die Zeichensetzung folgt dem Erstdruck, mit einer Ausnahme: Das gliedernde Komma vor Nebensätzen wurde durchgehend vereinheitlicht. – Konjekturen werden angemerkt, einige offenkundige Druckfehler stillschweigend korrigiert.

Die Überlegungen des Essays beruhen auf einer langen praktischen Erfahrung mit der literarischen Übersetzung, mit Prosa wie mit Poesie. Zurückgegriffen wird dabei naturgemäß auch auf frühere Veröffentlichungen zum Thema, darunter besonders:

Elisabeth Edl: »Welt-Literatur. Dankrede« In: *Deutsche Akademie für Sprache und Dichtung. Jahrbuch 2005*. Göttingen 2006, S. 46–51.

– : »Zur Edition französischer Klassiker in deutscher Sprache.« In: *Editionen. Vom Herausgeben.* Hg. von Joachim Kalka. Göttingen 2012, S. 27–36.

– : »Wissenschaft und Kunst. Über die Grenzen der Interpretation in der literarischen Übersetzung.« In: *Mit anderen Worten. Zur Poetik der Übersetzung. 7 Jahre August-Wilhelm-von-Schlegel-Gastprofessur zur Poetik der Übersetzung*. Hg. von Marie Luise Knott und Georg Witte. Berlin 2014, S. 151–171.

Elisabeth Edl/Claire de Oliveira: »La (re)traduction du canon littéraire.« In: *Études Germaniques* 4/2017, S. 547–560.

Wolfgang Matz: »Was lange dauert, wird auch einmal fertig. Über Sinn und Unsinn neuer Übersetzungen alter Bücher.« In: *Manuskripte* 180/2008, S. 164–170.

Die diskutierten Beispiele ergeben sich zwangsläufig aus der Erfahrung mit eigenen Übersetzungen; dass sie deshalb vor allem der französischen Literatur entstammen, ist in Kauf zu nehmen, geht es bei den verhandelten Fragen doch primär um die Arbeit in der *deutschen* Sprache.

München, Februar 2022

E. E. & W. M.

Anmerkungen und Nachweise

Über die verschiedenen Methoden des Übersetzens

13 *Urschrift*: das fremdsprachige Original.

20 *abgezogensten*: abstraktesten.

26 *Ursprache*: die Sprache des Originals.

32 *Die beiden getrennten Parteien*: Leser und Autor.

35 *Goethe*: Siehe *Dichtung und Wahrheit*. Dritter Teil, Elftes Buch: »Wir Deutsche hatten den Vorteil, daß mehrere bedeutende Werke fremder Nationen, auf eine leichte und heitere Weise zuerst herüber gebracht wurden. Shakspeare [!] prosaisch übersetzt, erst durch Wieland, dann durch Eschenburg, konnte als eine allgemein verständliche und jedem Leser gemäße Lektüre sich schnell verbreiten, und große Wirkung hervorbringen. Ich ehre den Rhythmus wie den Reim, wodurch Poesie erst zur Poesie wird, aber das eigentlich tief und gründlich Wirksame, das wahrhaft Ausbildende und Fördernde ist dasjenige was vom Dichter übrig bleibt, wenn er in Prose übersetzt wird. Dann bleibt der reine vollkommene Gehalt, den uns ein blendendes Äußere oft, wenn er fehlt, vorzuspiegeln weiß, und wenn er gegenwärtig ist, verdeckt.« *Sämtliche Werke nach Epochen seines Schaffens. Münchner Ausgabe.* Band 16. Hg. von Peter Sprengel. München/Wien 1985, S. 526.

36 *Vossische Homer*: Homeros: *Werke*. Übersetzt von Johann Heinrich Voß. Vier Bände. Altona 1793.

– *Schlegelsche Shakespeare*: William Shakespeare: *Dramatische Werke*. Übersetzt von A.W. Schlegel. Neun Bände. Berlin 1797–1810.

– *Beckersche*: Karl Friedrich Becker: *Erzählungen aus der alten Welt für die Jugend*. Drei Bände. Halle 1802–1803.

60 *Leibniz*: Im Erstdruck Leibnitz.

– *Senker*: Zur ungeschlechtlichen Vermehrung abgetrennter Trieb einer Pflanze.

– *Unserm großen König*: Friedrich II. von Preußen, »der Große«.

69 *Gebietes*: Konjektur für Erstdruck: Gebotes.

73 *Theorie des Übersetzens*: Konjektur für Erstdruck: Übersetzers.

Fremde Ähnlichkeit

85 *Denn kein Gedicht*: Walter Benjamin: »Die Aufgabe des Übersetzers«. In: *Gesammelte Schriften*. Unter Mitwirkung von Theodor W. Adorno und Gershom Scholem hg. von Rolf Tiedemann und Hermann Schweppenhäuser. Frankfurt/M. 1972. Band IV, 1, S. 9.

87 *Lust am Übersetzen*: *Weltliteratur. Die Lust am Übersetzen im Jahrhundert Goethes*. Marbacher Kataloge 37. Hg. von Reinhard Tgahrt in Zusammenarbeit mit Ingrid Belke, Viktoria Fuchs, Huguette Herr-

mann, Irina Renz und Dieter Sulzer. Marbach am Neckar 1982.

89 *des Verfassers eigentümliche Art*: Siehe oben, S. 14.

90 *wo die Rede*: Siehe oben, S. 20; auch die folgenden Zitate S. 20 f.

92 *Meines Erachtens*: Siehe oben, S. 29 f.

94 *Jeder Mensch*: Siehe oben, S. 20.

95 *in dem Bestreben*: Siehe oben, S. 48.

101 *Kunst des Verstehens*: Siehe oben, S. 23.

105 *Das Beispiel*: Hans-Georg Gadamer: *Wahrheit und Methode. Grundzüge einer philosophischen Hermeneutik*. Tübingen [4]1975, S. 365.

106 *ich verstehe selber*: Franz Rosenzweig: *Gesammelte Schriften 1*. Hg. von Rachel Rosenzweig und Edith Rosenzweig-Scheinmann unter Mitwirkung von Bernhard Casper. Den Haag 1979, S. 982.

107 *J'ai encore*: Marcel Proust: *À la recherche du temps perdu*. Tome 1 (Pléiade). Éd. Jean-Yves Tadié. Paris 1987, S. 58.

– *Ich muss noch*: Marcel Proust: *Auf den Spuren der verlorenen Zeit. Der Weg zu Swann*. Erster Band. Übers. von Rudolf Schottlaender. Berlin 1926, S. 83.

108 *Charles, à la neige*: Gustave Flaubert: *Madame Bovary. Mœurs de province*. Éd. Claudine Gothot-Mersch. Paris 1971, S. 62.

– *Charles galoppierte*: Gustave Flaubert: *Madame Bovary. Sitten in der Provinz*. Hg. und übers. von Elisabeth Edl. München 2012, S. 84. – Auf Gegenüberstellung verschiedener Übersetzungen wird hier und im Folgenden meist verzichtet; der Blick in jede beliebige zeigt jedoch, wie lang der Weg zu Lösungen ist, die dann am Ende wie selbstverständlich klingen.

109 *eine exakte Kunst*: George Steiner: *Der Garten des Archimedes. Essays*. Übers. von Michael Müller. München/Wien 1997, S. 141.

113 *Für die Unsichtbarkeit*: Philippe Jaccottet: »Für die Unsichtbarkeit des Übersetzers«. In: *Jahrbuch der Deutschen Akademie für Sprache und Dichtung 1966*. Heidelberg/Darmstadt 1967, S. 82–90.

– *Wäre der höchste Ehrgeiz*: Siehe Elisabeth Edl und Wolfgang Matz: »Fast eine Liebesgeschichte. Giuseppe Ungaretti und Philippe Jaccottet«. In: *Akzente*. Zeitschrift für Literatur. 57. Jg., 3/Juni 2010, S. 211.

– *Muß man sich aber*: Philippe Jaccottet: »Für die Unsichtbarkeit des Übersetzers«, op. cit., S. 89. Auch das folgende Zitat.

117 *Quasi dasselbe*: Umberto Eco: *Quasi dasselbe mit anderen Worten. Über das Übersetzen*. Übers. von Burkhart Kroeber. München 2006.

– *feinste Linie*: Siehe oben, S. 48.

118 *Über allen Gipfeln*: Siehe Philippe Jaccottet: »Die ›Verzweiflung des Übersetzers‹«. In: Martin Meyer (Hg.): *Vom Übersetzen*. München/Wien 1990, S. 68–77.

120 *C'est là*: Gustave Flaubert: *L'Éducation sentimentale. Histoire d'un jeune homme*. Éd. Claudine Gothot-Mersch. Paris 1985, S. 510.

121 *Für uns*: Gustave Flaubert: *Lehrjahre der Männlichkeit. Geschichte einer Jugend*. Hg. und übers. von Elisabeth Edl. München 2021, S. 576.

122 *Madame Bovary, quand*: Gustave Flaubert: *Madame Bovary. Mœurs de province*, op. cit., S. 219.

123 *Als Madame Bovary*: Gustave Flaubert: *Madame Bovary. Sitten in der Provinz*, op. cit., S. 110.

124 *Debout*: Julien Green: *Adrienne Mesurat*. In: *Œuvres complètes*. Tome I (Pléiade). Éd. Jacques Petit. Paris 1972, S. 285; der Schlusssatz: S. 519.

– *Mit den Händen*: Julien Green: *Adrienne Mesurat*. Übers. von Eva Rechel-Mertens. Köln 1965, S. 9; der Schlusssatz: S. 361.

– *Aufrecht*: Julien Green: *Adrienne Mesurat*. Übers. von Elisabeth Edl, mit einem Nachwort von Wolfgang Matz. München/Wien 2000, S. 9; der Schlusssatz: S. 298.

126 *Je vous lègue*: Yves Bonnefoy: *Ensemble encore, suivi de Perambulans in noctem*. Paris 2016, S. 19 f.

– *Ich anvertraue euch*: Yves Bonnefoy: »Weiter vereint«. Übers. von Elisabeth Edl und Wolfgang Matz. In: *Sinn und Form*, 1/2017, S. 10 f.

127 *Zuletzt anvertraute*: Gottfried Keller: »Das Fähnlein der sieben Aufrechten«. In: *Sämtliche Werke Band 5. Züricher Novellen*. Hg. von Thomas Böning. Frankfurt/M. 1989, S. 281.

128 *Pour la menacer*: Georges Simenon: *Maigret à l'école. Roman*. Paris 2003, S. 75.

– *Er hat gedroht*: Georges Simenon: *Maigret in der Schule. Roman*. Übers. von Elisabeth Edl und Wolfgang Matz. Mit einem Nachwort von Wolfgang Matz. Zürich 2020, S. 82.

– *Comment la générale*: Georges Simenon: *Betty. Roman*. Paris 2008, S. 157.

129 *Wie sollte die Generalin*: Georges Simenon: *Betty. Roman*. Übers. von Elisabeth Edl und Wolfgang Matz. Zürich 2021, S. 155.

– *an andern Stellen*: Siehe oben, S. 41.

– *weit größere Masse*: Siehe oben, S. 51.

130 *Fällt der Schnee*: Yves Bonnefoy: *L'autre langue à portée de voix*. Paris 2013, S. 205. Auch das folgende Zitat.

131 *Wer überzeugt ist*: Siehe oben, S. 56 f.

132 *Ein unerlassliches Erfordernis*: Siehe oben, S. 46.

– *Form*: Walter Benjamin: »Die Aufgabe des Übersetzers«, op. cit., S. 9.

Über die Herausgeber

Elisabeth Edl (*1956) lehrte von 1983 bis 1995 deutsche Sprache und Literatur in Poitiers. Für ihre Übersetzungen, darunter Stendhal, Flaubert, Patrick Modiano, erhielt sie u. a. den Johann-Heinrich-Voß-Preis, den Österreichischen Staatspreis, den Romain-Rolland-Preis und den Prix lémanique de la traduction. Sie ist Mitglied der Deutschen Akademie für Sprache und Dichtung und Chevalier de l'Ordre des Arts et des Lettres der Republik Frankreich.

Wolfgang Matz (*1955) lehrte deutsche Sprache und Literatur an der Universität Poitiers. Von 1995 bis 2020 arbeitete er als Lektor beim Hanser Verlag in München. Er veröffentlichte zuletzt: *1857. Flaubert, Baudelaire, Stifter* (2021) und *Vom Glück des poetischen Lebens. Erinnerung an André du Bouchet, Yves Bonnefoy und Philippe Jaccottet* (2022). Er ist Mitglied der Bayerischen Akademie der Schönen Künste.

Für ihre gemeinsamen Übersetzungen wurden Elisabeth Edl und Wolfgang Matz mit dem Paul-Celan-Preis (1992) und dem Petrarca-Preis (1994) ausgezeichnet.

GUY DE MAUPASSANT
Über Gustave Flaubert
Mit einem Nachwort von Elisabeth Edl

*

GUY DE MAUPASSANT
Pläsier
Vier Erzählungen
Herausgegeben und neu übersetzt
von Elisabeth Edl

*

WALTER BENJAMIN
Kleine Geschichte der Photographie
Mit einem Essay von Wolfgang Matz

KREISBÄNDCHEN

ROBERT MUSIL
Über die Dummheit
Ein Vortrag

*

GOTTFRIED BENN
Altern als Problem für Künstler
Ein Vortrag

*

STEFAN ZWEIG
Incipit Hitler
Mit einem Nachwort von Arturo Larcati

*

DAVID MAMET
Richtig und Falsch
Kleines Ketzerbrevier samt
Common sense für Schauspieler

SEBASTIAN HAFFNER
Der neue Krieg
Mit einer E-Mail von Jürgen Kuttner

*

AIMÉ CÉSAIRE
Über den Kolonialismus

*

MARCO MARTINELLI
Raumwerden
Ein Traum vom Theater in 101 Bewegungen

*

SCHLINGENSIEF/
MARTENSTEIN/BIERBICHLER
Engagement und Skandal
Ein Gespräch. Mit einem Essay von Diedrich Diederichsen

HEINER MÜLLER
Gedichte 1949–89

*

33 LIEBESGEDICHTE
Ausgewählt und übersetzt von
Henriette Beese
Mit einem Nachwort von Gerhard Ahrens

*

ANTONIN ARTAUD
Das Theater und die Pest
*Mit Texten von Antonin Artaud, André Breton,
Jerzy Grotowski, Heiner Müller
und Anaïs Nin*